乡村建设与
农业经济管理研究

王 瑞 王军方 罗琼珍 著

全国百佳图书出版单位
吉林出版集团股份有限公司

图书在版编目(CIP)数据

乡村建设与农业经济管理研究 / 王瑞，王军方，罗琼珍著. -- 长春：吉林出版集团股份有限公司，2024.6. -- ISBN 978-7-5731-5321-0

Ⅰ. F320.3;F302

中国国家版本馆 CIP 数据核字第 2024R2S578 号

乡村建设与农业经济管理研究
XIANGCUN JIANSHE YU NONGYE JINGJI GUANLI YANJIU

著　　　者	王　瑞　　王军方　　罗琼珍
责任编辑	沈丽娟
技术编辑	王会莲
封面设计	冯冯翼
开　　　本	787mm×1092mm　1/16
字　　　数	238 千字
印　　　张	9.75
版　　　次	2024 年 6 月第 1 版
印　　　次	2024 年 6 月第 1 次印刷
出　　　版	吉林出版集团股份有限公司
发　　　行	吉林出版集团外语教育有限公司
地　　　址	长春市福祉大路 5788 号龙腾国际大厦 B 座 7 层
电　　　话	总编办：0431－81629929
印　　　刷	吉林省创美堂印刷有限公司

ISBN 978-7-5731-5321-0　　　　定价：58.00 元

版权所有　　侵权必究　　　　举报电话：0431－81629929

前言

农业农村农民问题是关系国计民生的根本性问题。要坚持农业农村优先发展，按照产业兴旺、生态宜居、乡风文明、治理有效、生活富裕的总要求，建立健全城乡融合发展体制机制和政策体系，加快推进农业农村现代化。巩固和完善农村基本经营制度，深化农村土地制度改革，完善承包地"三权"分置制度。构建现代农业产业体系、生产体系、经营体系，完善农业支持保护制度，发展多种形式适度规模经营，健全农业社会化服务体系，实现小农户和现代农业发展有机衔接。促进农村一二三产业融合发展，支持和鼓励农民就业创业，拓宽增收渠道。加强农村基层基础工作，健全自治、法治、德治相结合的乡村治理体系。培养造就一支懂农业、爱农村、爱农民的"三农"工作队伍。

乡村建设行动既是实施乡村振兴战略的重要任务，也是国家现代化建设的重要内容。因此，我们要走中国特色社会主义乡村振兴道路，让农业成为有奔头的产业，让农民成为有吸引力的职业，让农村成为安居乐业的美丽家园。当前，我国正处于发展现代农业的关键时期，高效率设备、现代化经营管理理念被逐步引入到农业生产的各个领域。本书将重点研究乡村建设与农业经济管理，希望能对农业发展、乡村振兴起到促进、推动作用。

本书在撰写过程中吸收了诸多前贤的研究成果，在此深表谢忱。由于作者水平有限，书中疏漏之处在所难免，敬请学界同仁和广大读者批评指正。

目录

第一章 乡村建设的内涵及意义 ... 1
- 第一节 乡村建设与乡村发展 ... 1
- 第二节 乡村建设的意义 ... 4
- 第三节 乡村振兴战略的内涵及重要意义 ... 9

第二章 乡村建设的目标与原则 ... 23
- 第一节 乡村建设的目标 ... 23
- 第二节 乡村建设的原则 ... 26

第三章 乡村生态环境建设 ... 30
- 第一节 重视乡村生态环境保护 ... 30
- 第二节 维护乡村生态环境 ... 35
- 第三节 乡村振兴战略下的生态环境建设路径 ... 40

第四章 乡村群众文化建设 ... 49
- 第一节 群众文化与乡村群众文化的内涵及特征 ... 49
- 第二节 乡村群众文化之于乡村振兴的重要功能 ... 52
- 第三节 乡村群众文化阵地建设的内涵及新时代要求 ... 54

第五章 现代农业与农业经济管理基础 ... 58
- 第一节 现代农业的内涵 ... 58
- 第二节 农业在国民经济中的地位和作用 ... 61
- 第三节 现代农业的发展模式 ... 65
- 第四节 农业经济管理的基础理论 ... 71

第六章 生产要素管理 ... 77
第一节 人力资源管理 ... 77
第二节 农村资金管理 ... 79
第三节 农村土地经营管理 ... 84

第七章 农业产业化 ... 88
第一节 农业产业化发展理论 ... 88
第二节 农业产业结构 ... 99
第三节 农业产业布局 ... 105
第四节 农业产业的发展 ... 107

第八章 农业产业化经营与农产品供应链 ... 115
第一节 农业产业化经营的需求与制约因素 ... 115
第二节 农业产业化经营与供应链建设策略 ... 118
第三节 农业产业化支持政策 ... 125

第九章 农产品营销与流通 ... 129
第一节 农产品市场营销 ... 129
第二节 现代农产品物流 ... 137

参考文献 ... 149

第一章 乡村建设的内涵及意义

第一节 乡村建设与乡村发展

一、乡村建设与乡村发展的内涵

（一）乡村建设的内涵

乡村是以农业生产为主体的地域，从事农业生产的人就是农民，以农业生产为主的劳动人民聚居的场所就是乡村。乡村建设就是在这样的地区充分利用当地的自然和社会资源，因地制宜地进行规划，从乡村经济、乡村治理、乡村生态、乡村文化等方面来建设，使之成为有别于城市风貌的，经济、生态、文化共生共存的独特的地域，最终满足社会发展需求和人类自身发展的需求。

1. 乡村建设的主体

乡村建设应当以乡村为中心，以农民为主体。要想真正改变乡村的面貌，可持续性地发展乡村，真正的内源性动力应当来自农民。要强化农民对乡村的认同感和归属感，满足农民的利益诉求，使其愿意扎根农村，直接参与建设，为美丽乡村建设献计献策。

2. 乡村建设的内容

乡村是一个有别于城市的地理区域、产业区域及文化区域。乡村对国家与社会的作用是不可替代的。我们不能按照城市建设的那套规划思维去建设乡村，城乡统筹并不等于城乡统一。需要深入剖析农业功能、乡村价值、乡土情怀，将乡村真正建设成山美水美、宜居宜乐、农业现代、秩序井然的美丽乡村。所以说，乡村建设是一个内容丰富的建设项目，包括了产业升级、生态环境、基础设施、教育文化、乡村治理等诸多方面，涉及政治、经济、社会的诸多领域，需要各界有识之士、各领域专业人才的通力合作才能完成。

3. 乡村建设的基础

农业的升级优化是乡村建设的基础。乡村和城市的区别在于农业生产，农业具有提供安全农产品、提供工业原材料的经济功能；具有保持生物多样性、改善自然环境的生态功能；具有维持社会稳定，提供基础保障的社会功能；具有审美、休闲、文明教育的文化功能。可以看出，农业是促进乡村复合生态系统的基础，对其他方面的建设有强烈的支持作用。因此，建设美丽乡村要突出农业的基础地位和特色，要将乡村生活环境的改善和农业的升级优化协调统一起来。

（二）乡村发展的内涵

一般说来，乡村发展是指使现有的农村居民发生一系列质和量的变化，集中表现在这些人生活水平的提高和生活方式的改善。而且乡村发展是由多种目标构成的目标体系。如经济发展目标，即农村经济总量的增长，劳动生产率和土地生产率的提高，各个层次农村产业结构的优化和多元综合发展；社会进步目标，即农村居民生活的提高，科学、教育、文化、保健事业的发展，人口控制和人均期望寿命的延长，居民就业率提高和社会差别缩小；环境改善目标，即水土流失的控制，自然灾害的减轻，森林覆盖率的提高，环境污染的治理。在国外，对乡村发展的概念有着明确的界定和约定指标。如世界银行所下的定义是：乡村发展是一种策略，拟用为改进乡村贫穷人民的社会经济生活。发展利益延及在乡村中寻求生活的贫穷群体，包括小农、佃农及无土地者。它强调乡村发展的目标在增加生产、提高生产力、增加就业、动员可用的土地、劳动和资本，同时也注意消灭贫穷及所得的不均等。发展的层面则顾及生活的价值和品质。最常用的定义是：提升乡村人民控制环境的能力，并借以增进益处。其重要的发展指标：生产能力的改变；就业及失业的改变；收入及财富分配的改变；权力结构的改变，特别是乡村人民对地方性及全国性政府决策影响力之改变；地方阶级结构的改变；对控制较大环境的价值、信仰及态度的改变；对接近福利服务之改变。

二、中国乡村发展的主要趋势

随着我国经济的快速发展及乡村发展环境的变化，重新认识乡村资源及其开发和乡村发展的规律，对我国实现共同富裕，有效解决农村发展问题和促进社会主义新农村建设具有极为深远的意义。

（一）乡村产业结构的调整

乡村产业结构的调整是我国乡村经济发展的核心领域。其农业结构的战略性调整是指农业要重点发展优质粮食生产和适销对路的经济作物，发展优质、高效、生态和无害化可持续农业；同时要加大发展集约农业、规模农业、专业化农业、工厂化农业和农业经营,促进农业产业化发展,提高农产品的国际市场竞争力。

(二) 农业高新技术的发展

农业技术的主要发展方向表现在农业生物技术、农业信息化技术、农业科技产业化;提高农业机械化、化学化、水利化和电气化的水平;发展高水平、高功能、高效益的设施农业技术和设备;发展和推广节约农业技术,保护农业资源;大力发展提高农作物光合作用等高产优质基础农业技术等。

(三) 农业产业化和乡村产业经济一体化发展

农业产业化是乡村优势资源转化为市场优势和乡村工业产业化升级的重要途径,有利于推动乡村产业经济一体化发展。为此,必须大力发展集约化农业,扩大农业经营规模,提高农业专门化水平和农业经营程度,发展工厂化农业。从而改变我国传统乡村经济发展过程中,产业的纵向关联较弱,农业生产农产品为最终产品,农产品的深加工水平较低,农产品加工率较低的问题。

(四) 乡村景观资源开发和乡村休闲产业发展

乡村景观资源开发和乡村休闲农业的发展,位于乡村发展的深层次面上。它是以乡村社区为场所,以社区全面参与开发并获益,以实现乡村经济可持续发展为目标的一种新型可持续利用旅游资源的经济活动形式。它对推动农业产业的功能化,推动新兴产业发展、促进乡村景观整治、推动乡村风貌塑造,全面增加农民收入,改善农村环境、提高生活质量等方面具有重要意义。其主要内容一是乡村景观规划与设计;二是乡村游憩地系统建设;三是观光农业资源开发和乡村休闲产业的发展。

(五) 乡村劳动力资源开发和乡村人力资本开发

当前我国乡村建设最为紧迫的任务一是要提高劳动力的受教育水平,增加农民的自我决策能力、自我认识能力、吸收新知识和改变传统观念的能力及适应能力;二是加强乡村劳动力的职业技术教育,重点提高农业劳动力的技术水平;三是要发展合作生产组织,有效组织乡村劳动力进行合理的劳动力投入;四是加快乡村劳动力的转移,提高劳动力资源要素就业的经济性;五是加强农民企业家和管理人才的培养,使之成为乡村产业化发展的有效组织者。

(六) 完善乡村基础设施,推动乡村城镇化发展

目前我国乡村城镇化发展迅速,小城镇蓬勃发展。但乡村硬件条件差,基础设施薄弱,成为乡村城镇化发展的障碍性因素之一。因此,以乡村基础设施建设为重

点,推动文明双丰收的社会主义新农村建设和乡村社区建设,将成为下一个阶段乡村建设的中心。农村基础设施建设的关键就是要推进基础设施进村,解决农民的生产生活问题,实现农田村网建设和房前屋后和村庄道路绿地建设,每个村都建设有村民多功能活动室和多功能活动场所,以彻底改善乡村居住环境。

(七)乡村环境资源开发与乡村环境建设

乡村人居环境是指集镇、村庄及维护人类活动所需要的物质和非物质结构的有机结合体。乡村环境资源、乡村基础设施、乡村居住条件、乡村社会稳定状况、乡村治理能力和乡村经济能力等,共同构成了乡村人居环境,乡村环境资源开发主要表现于对乡村田园环境的保护、治理和恢复、乡村环境景观化、农业生产无害化;乡村环境资源开发与乡村休闲、娱乐、观光农业以及生态旅游的发展。

(八)城乡经济一体化整合发展,促进城乡协调发展

统筹城乡经济社会发展,一是要以乡村资源为基础,以城市极化为中心,建立合理的地域发展功能;二是加快新兴产业的发展,以满足城市消费;三是建立城乡生产要素的合理自由流动体系;四是城乡经济的联合发展和城乡社会的同步发展;五是加速社会主义,乡村的新村建设,构建和谐社会。

第二节 乡村建设的意义

一、推进乡村建设的意义

(一)开展村庄人居环境整治

开展村庄人居环境整治,加快编制村庄规划,推行以奖促治的政策,以治理垃圾、污水为重点,改善村庄人居环境。实施村内道路硬化工程,加强村内道路、供排水等公用设施的运行管护,有条件的地方建立住户付费、村集体补贴、财政补助相结合的管护经费保障制度。制定传统村落保护发展规划,抓紧把有历史文化等价值的传统村落和民居列入保护名录,切实加大投入和保护力度。提高农村饮水安全工程建设标准,加强水源地水质监测与保护,有条件的地方推进城镇供水管网向农村延伸。以西部和集中连片特困地区为重点加快农村公路建设,加强农村公路养护和安全管理,推进城乡道路客运一体化。因地制宜发展户用沼气和规模化沼气。在地震高风险区实施农村民居地震安全工程。加快农村互联网基础设施建设,推进信

息进村入户。

（二）大力推进农村生态文明建设

加强农村生态建设、环境保护和综合整治，推进农村生态文明建设，努力建设美丽乡村。加大三北防护林、天然林保护等重大生态修复工程实施力度，推进荒漠化、石漠化、水土流失综合治理。巩固退耕还林成果，统筹安排新的退耕还林任务。探索开展沙化土地封禁保护区建设试点工作。加强国家木材战略储备基地和林区基础设施建设，提高中央财政国家级公益林补偿标准，增加湿地保护投入，完善林木良种、造林、森林抚育等林业补贴政策，积极发展林木经济。继续实施草原生态保护补助奖励政策。加强农作物秸秆综合利用。搞好农村垃圾、污水处理和土壤环境治理，实施乡村清洁工程，加快农村河道、水环境综合整治。发展乡村旅游和休闲农业。创建生态文明示范县和示范村镇。开展宜居村镇建设综合技术集成示范。

随后，农业农村部组织开展"美丽乡村"创建活动，重点推进生态农业建设、推广节能减排技术、节约和保护农业资源、改善农村人居环境，在农村地区开展建设美丽中国的具体行动。

（三）美丽乡村是中国美的重要组成部分

建设美丽乡村，要做到以下内容。

1. 缩小城乡差距

与城市相比，农村的基础设施建设不够完善，城乡居民享有的基本公共服务差距也比较大。为了改变这种状况，必须推进城乡发展一体化，优先发展农村基础设施建设和社会事业，从而缩小城乡之间的发展差距。

为了弥补农村基础设施建设的不足，要确保完成农村饮水安全工程，推动农村饮水提质增效；加快推进西部地区和集中连片特困地区农村公路建设；加强农村客运和农村校车安全管理；完善农村沼气建管机制；加大农村危房改造力度，统筹搞好农房抗震改造；加快农村信息基础设施建设和宽带普及，推进信息进村入户等。

为缩小城乡基本公共服务的差距，需要重视以下三点内容。第一，在农村教育事业上，对发展农村义务教育、高中阶段教育、中等职业教育和农业职业教育方面做出了部署，并提出提高重点高校招收农村学生比例，逐步实现免费中等职业教育等利好措施。第二，在农村医疗卫生事业上，提出建立新型农村合作医疗可持续筹资机制，同步提高人均财政补助和个人缴费标准，进一步提高实际报销水平，全面开展城乡居民大病保险等利好措施。第三，在农村社会保障上，提出要加强农村最低生活保障制度规范管理，全面建立临时救助制度，落实统一的城乡居民基本养老保险制度等。

2. 扎实推进农村人居环境整治提升

干净的村容村貌，是每一个农民的热切期盼。近年来，各地都开展了多种形式的农村环境综合整治，然而，从整体上来看，农村人居环境整治工作仍需扎实推进、提升。加大村庄公共空间整治力度，持续开展村庄清洁行动。巩固农村户厕问题摸排整改成果，引导农民开展户内改厕。加强农村公厕建设维护。以人口集中村镇和水源保护区周边村庄为重点，分类梯次推进农村生活污水治理。推动农村生活垃圾源头分类减量，及时清运处置。推进厕所粪污、易腐烂垃圾、有机废弃物就近就地资源化利用。

3. 持续加强乡村基础设施建设

加强农村公路养护和安全管理，推动与沿线配套设施、产业园区、旅游景区、乡村旅游重点村一体化建设。推进农村规模化供水工程建设和小型供水工程标准化改造，开展水质提升专项行动。推进农村电网巩固提升，发展农村可再生能源。支持农村危房改造和抗震改造，基本完成农房安全隐患排查整治，建立全过程监管制度。开展现代宜居农房建设示范。深入实施数字乡村发展行动，推动数字化应用场景研发推广。加快农业农村大数据应用，推进智慧农业发展。落实村庄公共基础设施管护责任。加强农村应急管理基础能力建设，深入开展乡村交通、消防、经营性自建房等重点领域风险隐患治理攻坚。

"中国要美，农村必须美"，农村环境一旦破坏，再恢复会很难；农村的美一旦消逝，社会经济发展将会遇到前所未有的困难，美丽中国也将只是一个传说。美丽农村是中国美不可或缺的重要组成部分，只有城乡共荣发展，才能真正实现民主富强的中国梦。

在中国经济发展步入新常态的背景下，要继续锁定"三农"问题，表明"三农"问题在中国"重中之重"的地位非但没有弱化，反而更为加强。当前，我国正在稳步迈向全面建设社会主义现代化国家新征程，向第二个百年奋斗目标进军。而要想全面实现社会主义现代化，就不能缺了农村这一头。随着经济社会发展和人民生活水平提高，广大农民群众对生产生活环境的要求越来越高，特别是面对物质生活不断丰富与居住环境较差、精神生活相对匮乏形成强烈反差的现实状况，下大力气改善农村人居环境，建设美丽乡村显得尤为重要和紧迫。

二、乡村建设基本要求

乡村建设是破解"三农"难题，促进农业发展、农村繁荣、农民增收的重要途径。必须把夯实村级基层组织作为固本之策，建立健全地方党委领导、政府负责、社会协同、公众参与、法治保障的基层农村社会治理体制，坚持自治、法治、德治相结合，确保农村社会充满活力、和谐有序、产业融合、健康发展。

(一) 建立健全乡村治理体系，重塑村级集体所有制经济

农村党支部作为党的基层组织和前沿阵地，直接代表着党组织和党员的形象，影响着党员先锋作用的发挥。尤其在新的历史条件下，农村基层党支部肩负着引导、落实、服务等重要职能作用。

一是选配好村党支部书记。要把那些政治过得硬、群众信得过、懂经济、善管理的优秀人才选配到村级党支部书记岗位上，要建强基层党组织，带好班子，把支部一班人团结在一起，真正拧成一股绳。在体制机制上，村党支部书记应当通过法定程序担任村民委员会主任，村"两委"班子成员应当交叉任职，村党支部书记要兼任村级集体经济组织、合作经济组织负责人，建立完善农村集体经济所有制，实现农村集体经济发展组织化、实体化，村务监督委员会主任一般由党员担任；在议事决策上，要明确规定村级重大事项决策实行"四议两公开"，确保农村集体经济组织管理好、经营好、发展好。

二是村党支部发挥好核心领导作用，成为引领脱贫攻坚的坚强堡垒。村级党支部书记要紧紧围绕加强基层服务型党组织建设这条主线，把工作重心转到服务改革、服务发展、服务民生、服务群众上来，使党的执政基础深深根植于人民心中。要对自己高标准、严要求，任何事情都要带头干、带领干，通过以上率下、以下促上，更好地发挥村党组织的领导核心作用、战斗堡垒作用和先锋模范作用。

三是探索建立股份合作集体经济模式。在保障农民农村集体经济组织成员权利的基础上，要创新适应公有制多种实现形式的产权保护制度，积极发展农民股份合作公司，赋予农民对集体资产股份占有、收益、有偿退出以及抵押、担保、继承等权利，通过农民以个人劳力入股，村集体以资源入股，吸纳外来资金入股等形式，发展有效调动各方积极性的农村集体经济组织。通过成立合作社，培养有文化、懂技术的人才，利用党员传帮带，发挥党员先锋模范作用，把技术传播开，拉动更多贫困户发展动力，为贫困户争取最大利益，早日实现脱贫致富。

（二）加快农业产业转型升级，实现三产融合发展

一是在稳固传统农业优势的前提下，以乡村建设为契机，依托资源禀赋，贴近市场需求，依据农村经济发展的实际，不断探索、开拓出差异化的发展新路径，要整体谋划农业产业体系，以农业供给侧结构性改革为主线，着眼推进产业链、价值链建设，培育新型经济主体，以"主体"的力量为突破口和着力点，调优产业结构，转换生产方式，理顺产业体系，让现代农业、休闲农业和乡村旅游业在乡村落地生根、开花结果。

二是推动农村一二三产业融合发展，实现一产强、二产优、三产活，推动农业生产产业化升级改造，加快形成从田间到餐桌的现代农业全产业链格局，打造一二三产业融合发展的现代农业产业体系，力争在转型升级中，让农业产业实现从"量"到"质"的跃升，从"特"到"优"的转变，创造出更安全、更环保、更绿色的农产品品牌，造福于当地百姓。

三是要推动"三化"协同发展理念。三化协同发展，即品牌化、电商化、组织化的"三化"协同发展，其中，品牌化是龙头，电商化是渠道，组织化是载体。不仅要打造企业主导的农产品品牌，而且要打造政府和行业主导的农产品区域公用品牌。电商化不能单纯追求线上对线下的替代，更要注重线上对线下的带动。组织化首先要注重横向组织的发展，尤其要注重小农的组织化发展。要推进纵向组织化，要建立纵向一体利益机制，提高农业产业化经营水平和产业市场竞争力。

（三）强化农村生态环境建设，改善农民居住环境

一是要坚持人与自然和谐发展的理念。要牢固树立和践行绿水青山就是金山银山的理念，落实节约优先、保护优先、自然恢复为主的方针，统筹山水林田湖草系统治理，严守生态保护红线，以绿色发展引领乡村振兴。

二是要加快推动农村城镇建设。加大农村基础设施建设力度，通过绿化、美化、规划等措施，以优化农村居住环境和完善农村公共基础设施为重点，把乡村建设成生态宜居、富裕繁荣、和谐发展的美丽家园，让农民都能生活在碧水蓝天、青山绿水的舒适环境中。

三是推动农村生态文明建设。坚持农村生态现代化要坚持生态保护优先，全面实现农业农村绿色发展，推进农村生态文明全面进步，让农村回归青山绿水，让农村回归山清水秀，实现农村生态现代化。

（四）加强乡村文化建设，提升农民的综合素质

乡村建设就是要物质文明和精神文明一起抓，既要发展产业、壮大经济，更要

激活文化、提振精神，繁荣农村文化；要把乡村文化建设贯穿于乡村建设的各领域、全过程，为乡村振兴提供持续的精神动力。

一是要推动乡村文化振兴。加强农村思想道德建设和公共文化服务建设，以社会主义核心价值观为引领，挖掘农村优秀传统农耕文化蕴含的思想观念、人文精神、道德规范，培育乡土文化人才，弘扬主旋律和社会正气；培育文明乡风、良好家风、淳朴民风，改善农民精神风貌，提高农村社会文明程度，焕发乡村文明新气象。

二是要切实加强思想素质建设。大力宣传习近平新时代中国特色社会主义思想，弘扬社会主义核心价值观，引导农民树立正确的人生观、价值观和大局观，要把扶贫与扶智结合起来，引导农民自觉投身到美丽乡村建设中来；要积极开展精神文明建设，推进社会公德、家庭美德、个人品德教育，增强农民的诚信意识、公德意识、仁爱意识，引导农民崇尚科学，抵制迷信，移风易俗，破除陋习，营造积极向上的社会风气。

三是要积极推进乡村文化建设。要传承民风民俗，弘扬传统美德，大力普及科学知识，促进新技术、新技能的广泛应用，提高农村的科学文化水平，为美丽乡村建设提供良好的人文基础。同时，还要加大对传统村落的保护力度，加大对非物质文化遗产的保护与传承，加快对特色文化资源的有效挖掘，唤醒乡土文化的功能，力争让乡村文化生活有市场，充满生机活力，丰富农民的精神世界，进而提升农民发家致富的精气神。

第三节 乡村振兴战略内涵及重要意义

相比较乡村建设而言，乡村振兴战略的内容更全面，内涵更丰富，层次更高，目标更大，这是新时代我国农村工作发展方向和理念的一次深刻变革。其战略导向体现在"三个坚持"，即坚持高质量发展、坚持农业农村优先发展、坚持走城乡融合发展道路。

一、乡村振兴战略的内涵

（一）产业兴旺是乡村振兴的核心

新时代推动农业农村发展的核心是实现农村产业发展。农村产业发展是农村实现可持续发展的内在要求。从中国农村产业发展历程来看，过去一段时期内主要强调生产发展,而且主要是强调农业生产发展,其主要目标是解决农民的温饱问题,进而推动农民生活向小康迈进。从生产发展到产业兴旺,这一提法的转变,意味着新时代党的农业农村政策体系更加聚焦和务实,主要目标是实现农业农村现代化。产业兴旺要求从过去单纯追求产量向追求质量转变、从粗放型经营向精细型经营转变、从不可持续发展向可持续发展转变、从低端供给向高端供给转变。城乡融合发展的关键步骤是农村产业融合发展。产业兴旺不仅要实现农业发展,还要丰富农村发展业态,促进农村一二三产业融合发展,更加突出以推进供给侧结构性改革为主线,提升供给质量和效益,推动农业农村发展提质增效,更好地实现农业增产、农村增值、农民增收,打破农村与城市之间的壁垒。农民生活富裕的前提是产业兴旺,而农民富裕、产业兴旺又是乡风文明和有效治理的基础,只有产业兴旺、农民富裕、乡风文明、治理有效有机统一起来才能真正提高生态宜居水平。当前,我国农村产业发展还面临区域特色和整体优势不足、产业布局缺少整体规划、产业结构较为单一、产业市场竞争力不强、效益增长空间较为狭小与发展的稳定性较差等问题,实施乡村振兴战略必须紧紧抓住产业兴旺这个核心,作为优先方向和实践突破点,真正打通农村产业发展的"最后一公里",为农业农村实现现代化奠定坚实的物质基础。

(二)生态宜居是乡村振兴的基础

美丽中国的起点和基础是美丽乡村。乡村振兴战略提出要建设生态宜居的美丽乡村,更加突出了新时代重视生态文明建设与人民日益增长的美好生活需要的内在联系。乡村生态宜居不再是简单强调单一化生产场域内的"村容整洁",而是对"生产、生活、生态"为一体的内生性低碳经济发展方式的乡村探索。生态宜居的内核是倡导绿色发展,是以低碳、可持续为核心,是对"生产场域、生活家园、生态环境"为一体的复合型"村镇化"道路的实践打造和路径示范。绿水青山就是金山银山。乡村产业兴旺本身就蕴含着生态底色,通过建设生态宜居家园实现物质财富创造与生态文明建设互融互通,走出一条中国特色的乡村绿色可持续发展道路,在此基础上真正实现更高品质的生活富裕。同时,生态文明也是乡风文明的重要组成部分,乡风文明内涵则是对生态文明建设的基本要求。此外,实现乡村生态的良好治理是实现乡村有效治理的重要内容,治理有效必然包含着有效的乡村生态治理体制机制。从这个意义而言,打造生态宜居的美丽乡村必须把乡村生态文明建设作为基础性工程扎实推进,让美丽乡村看得见未来,留得住乡愁。

(三) 乡风文明是乡村振兴的关键

文明中国根在文明乡风，文明中国要靠乡风文明。乡村振兴想要实现新发展，彰显新气象，传承和培育文明乡风是关键。乡土社会是中华优秀传统文化的主要阵地，传承和弘扬中华优秀传统文化必须注重培育和传承文明乡风。乡风文明是乡村文化建设和乡村精神文明建设的基本目标，培育文明乡风是乡村文化建设和乡村精神文明建设的主要内容。乡风文明的基础是重视家庭建设、家庭教育和家风家训培育。家庭和睦则社会安定，家庭幸福则社会祥和，家庭文明则社会文明；良好的家庭教育能够授知识、育品德，提高精神境界、培育文明风尚；优良的家风家训能够弘扬真善美、抑制假恶丑，营造崇德向善、见贤思齐的社会氛围。积极倡导和践行文明乡风能够有效净化和涵养社会风气，培育乡村德治土壤，推动乡村有效治理；能够推动乡村生态文明建设，建设生态宜居家园；能够凝人心、聚人气，营造干事创业的社会氛围，助力乡村产业发展；能够丰富农民群众文化生活，汇聚精神财富，实现精神生活上的富裕。实现乡风文明要大力实施农村优秀传统文化保护工程，深入研究阐释农村优秀传统文化的历史渊源、发展脉络、基本走向；要健全和完善家教家风家训建设工作机制，挖掘民间蕴藏的丰富家风家训资源，让好家风好家训内化为农民群众的行动遵循；要建立传承弘扬优良家风家训的长效机制，积极推动家风家训进校园、进课堂活动，编写优良家风家训通识读本，积极创作反映优良家风家训的优秀文艺作品，真正把文明乡风建设落到实处，落到细处。

(四) 治理有效是乡村振兴的保障

实现乡村有效治理是推动农村稳定发展的基本保障。乡村治理有效才能真正为产业兴旺、生态宜居、乡风文明和生活富裕提供秩序支持，乡村振兴才能有序推进。新时代乡村治理的明显特征是强调国家与社会之间的有效整合，盘活乡村治理的存量资源，用好乡村治理的增量资源，以有效性作为乡村治理的基本价值导向，平衡村民自治实施以来乡村社会面临的冲突和分化。也就是说，围绕实现有效治理这个最大目标，乡村治理的技术手段可以更加多元、开放和包容。只要有益于推动实现乡村有效治理的资源都可以充分地整合利用，而不再简单强调乡村治理的技术手段问题，从而忽视对治理绩效的追求和乡村社会的秩序均衡。健全自治、法治、德治相结合的乡村治理体不仅是实现乡村治理有效的内在要求，也是实施乡村振兴战略的重要组成部分。这充分体现了乡村治理过程中国家与社会之间的有效整合，既要盘活村民自治实施以来乡村积淀的现代治理资源，又要毫不动摇地坚持依法治村的底线思维，还要用好乡村社会历久不衰、传承至今的治理密钥，推动形成相辅相成、互为补充、多元并蓄的乡村治理格局。从民主管理到治理有效，这一定位的转变，既是国家治理体系和治理能力现代化的客观要求，也是实施乡村振兴战略，推动农业农村现代化进程的内在要求。而乡村治理有效的关键是健全和完善自治、法治、德治的耦合机制，让乡村自治、法治与德治深度融合、高效契合。例如，积极探索和创新乡村社会制度内嵌机制，将村民自治制度、国家法律法规嵌入村规民约、乡风民俗中，通过乡村自治、法治和德治的有效耦合，推动乡村社会实现有效治理。

（五）生活富裕是乡村振兴的根本

生活富裕的本质要求是共同富裕。改革开放四十多年来，农村经济社会发生了历史性巨变，农民的温饱问题得到彻底解决，农民的生活变得越来越好。但是，广大农村地区发展不平衡不充分的问题日益凸显，积极回应农民对美好生活的诉求必须直面和解决这一问题。生活富裕不富裕，对于农民而言有着切身感受。也就是说，简单地靠存量增长已经不能有效提升农民的获得感和幸福感。生活富裕相较于生活宽裕而言，虽只有一字之差，但其内涵和要求却发生了非常大的变化。生活宽裕的目标指向主要是解决农民的温饱问题，进而使农民的生活水平基本达到小康，而实现农民生活宽裕主要依靠的是农村存量发展。生活富裕的目标指向则是农民的现代化问题，是要切实提高农民的获得感和幸福感，而这也使得生活富裕具有共同富裕的内在特征。如何实现农民生活富裕？有效激活农村增量发展空间是解决农民生活富裕的关键，而乡村振兴战略提出的产业兴旺则为农村增量发展提供了方向。

二、推进乡村振兴的战略导向

（一）坚持高质量发展

习近平总书记在党的二十大报告中提出，"要坚持以推动高质量发展为主题，把实施扩大内需战略同深化供给侧结构性改革有机结合起来，增强国内大循环内生动力和可靠性，提升国际循环质量和水平，加快建设现代化经济体系，着力提高全要素生产率，着力提升产业链供应链韧性和安全水平，着力推进城乡融合和区域协调发展，推动经济实现质的有效提升和量的合理增长"。[①] 实施乡村振兴战略是建设现代化经济体系的主要任务之一，尽管实施乡村振兴战略涉及的范围实际上超出经济工作，但推动乡村振兴高质量发展应该是实施乡村振兴战略的基本要求和重大导

---

① 10月16日，习近平在中国共产党第二十次全国代表大会上的讲话

向之一。仔细研读党的二十大报告中关于习近平新时代中国特色社会主义思想和基本方略的内容，不难发现这实际上也是指导中国特色社会主义高质量发展的思想。在实施乡村振兴战略的过程中，坚持高质量发展的战略导向，需要弄清楚什么是乡村振兴的高质量发展，怎样实现乡村振兴的高质量发展。

1. 突出抓重点、补短板、强弱项的要求

随着中国特色社会主义进入新时代，中国社会主要矛盾转化为人民日益增长的美好生活需要和不平衡不充分的发展之间的矛盾。实施乡村振兴战略的质量如何，首先要看其对解决社会主要矛盾有多大实质性的贡献，对于缓解工农城乡发展不平衡和"三农"发展不充分的问题有多大实际作用。比如，随着城乡居民收入和消费水平的提高，社会需求结构加快升级，呈现个性化、多样化、优质化、绿色化迅速推进的趋势。这要求农业和农村产业发展顺应需求结构升级的趋势，增强供给适应需求甚至创造需求、引导需求的能力。与此同时，对农村产业发展在继续重视"生产功能"的同时，要求更加重视其生活功能和生态功能，将重视产业发展的资源环境和社会影响，同激发其科教、文化、休闲娱乐、环境景观甚至体验功能结合起来。尤其是随着"90后""00后""10后"逐步成为社会的主流消费群体，产业发展的生活、生态功能更加需要引起重视。以农业为例，要求农业在"卖产品"的同时，更加重视"卖风景""卖温情""卖文化""卖体验"，增加对人才、人口的吸引力。近年来，电子商务的发展日益引起重视，一个重要原因是其有很好的链接和匹配功能，能够改善居民的消费体验、增进消费的便捷性和供求之间的互联性，而体验、便利、互联正在成为实现社会消费需求结构升级和消费扩张的重要动力，尤其为长尾、小众市场增进供求衔接和实现规模经济提供了新的路径。

2. 突出推进供给侧结构性改革

推进供给侧结构性改革的核心要义是按照创新、协调、绿色、开放、共享的新发展理念，提高供给体系的质量、效率和竞争力，即增加有效供给，减少无效供给，增强供给体系对需求体系和需求结构变化的动态适应和反应能力。当然，这里的有效供给包括公共产品和公共服务的有效供给。这里的提高供给体系质量、效率和竞争力，首先表现为提升农业和农村产业发展的质量、效率和竞争力；除此之外，还表现在政治建设、文化建设、社会建设和生态文明建设等方方面面，体现这些方面的协同性、关联性和整体性。实施乡村振兴战略旨在解决好"三农"问题，重塑新型工农城乡关系。因此，要科学区分"三农"问题形成演变中的市场失灵和政府失灵，以推进供给侧结构性改革为主线，完善体制机制和政策环境。借此，将支持农民发挥主体作用、提升农村人力资本质量与调动一切积极因素并有效激发工商资本、科技人才、社会力量参与乡村振兴的积极性结合起来，通过完善农村发展要素结构、组织结构、布局结构的升级机制，更好地提升乡村振兴的质量、效率和竞争力。

3. 协调处理实施乡村振兴战略与推进新型城镇化的关系

党的十九大报告首次提出了乡村振兴战略，同时写入《中国共产党章程》，但新型城镇化战略未被列入，这并不等于说推进新型城镇化不是一个重要的战略问题。之所以这样，主要有两方面的原因：一是城镇化是自然历史过程。虽然推进新型城镇化也需要"紧紧围绕提高城镇化发展质量"，也需要"因势利导、趋利避害"，仍是解决"三农"问题的重要途径，但城镇化更是"我国发展必然要遇到的经济社会发展过程"，是"现代化的必由之路"，必须"使城镇化成为一个顺势而为、水到渠成的发展过程"。二是实施乡村振兴战略是贯穿21世纪中叶全面建设社会主义现代化国家过程中的重大历史任务。虽然推进新型城镇化是中国经济社会发展中的一个重要战略问题，但到2030—2035年城镇化率达到75%左右后，中国城镇化将逐步进入饱和阶段，届时城镇化率提高的步伐将明显放缓，城镇化过程中的人口流动将由乡—城单向流动为主转为乡—城流动、城—城流动并存，甚至城—乡流动的人口规模也会明显增大。届时，城镇化的战略和政策将会面临重大阶段性转型，甚至逆城镇化趋势也将会明显增强。至于怎样科学处理实施乡村振兴战略与推进新型城镇化的关系，关键是建立健全城乡融合发展的体制机制和政策体系。

4. 科学处理实施乡村振兴战略与推进农业农村政策转型的关系

乡村振兴的高质量发展，最终体现为统筹推进增进广大农民的获得感、幸福感、安全感和增强农民参与乡村振兴的能力。要调动亿万农民的积极性、主动性、创造性，把维护农民群众根本利益、促进农民共同富裕作为出发点和落脚点，促进农民持续增收。如果做到这一点，不断提升农民的获得感、幸福感、安全感就有了坚实的基础。在推进工业化、信息化、城镇化和农业现代化的过程中，农民利益最容易受到侵犯，最容易成为增进获得感、幸福感、安全感的薄弱环节。注意增进广大农民的获得感、幸福感、安全感，正是实施乡村振兴战略的重要价值所在。当然也要看到，在实施乡村振兴战略的过程中，农民发挥主体作用往往面临观念、能力和社会资本等的局限。因此，调动一切积极因素，鼓励社会力量和工商资本带动农民在参与乡村振兴的过程中增强参与乡村振兴的能力，对于提升乡村振兴质量至关重要。

（二）坚持农业农村优先发展

要坚持农业农村优先发展，根本上是因为工农城乡发展不平衡和"三农"发展不充分，是当前中国发展不平衡不充分最突出的表现。此外，因为"三农"发展对促进社会稳定和谐、调节收入分配、优化城乡关系、增强经济社会活力和就业吸纳能力及抗风险能力等，可以发挥重要的作用，具有较强的公共品属性；在发展市场经济条件下，"三农"发展在很大程度上呈现竞争弱势特征，容易存在市场失灵问题。因此，需要在发挥市场对资源配置起决定性作用的同时，通过更好发挥政府作用，优先支持农业农村发展，解决好市场失灵问题。鉴于"农业农村农民问题是关系国计民生的根本性问题，必须始终把解决好'三农'问题作为全党工作重中之重"，按照增强系统性、整体性、协同性的要求和突出抓重点、补短板、强弱项的方向，坚持农业农村优先发展应该是实施乡村振兴战略的必然要求。

学习习近平总书记关于"坚持推动构建人类命运共同体"的理念，有利于更好地理解坚持农业农村优先发展的重要性和紧迫性。在当今世界大发展、大变革、大调整的背景下，面对世界多极化、经济全球化、社会信息化、文化多样化深入发展的形势，各国日益相互依存、命运与共，越来越成为你中有我、我中有你的命运共同体。相对于全球，国内发展、城乡之间更是命运共同体，更需要"保证全体人民在共建共享发展中有更多获得感"。面对国内工农发展、城乡发展失衡的状况，用命运共同体理念指导"三农"工作和现代化经济体系建设，更应坚持农业农村优先发展，增进社会稳定和谐。

加强对农业农村发展的支持，具体来说，要注意以下几点。

1. 以完善产权制度和要素市场化配置为重点，优先加快推进农业农村市场化改革

公平竞争是市场经济的基本原则，是市场机制高效运行的重要基础，统一开放、竞争有序的市场体系，是市场在资源配置中起决定性作用的基础，要确立竞争政策基础性地位。为此，要通过强化公平竞争的理念和社会氛围，以及切实有效的反垄断措施，完善维护公平竞争的市场秩序，促进市场机制有效运转；也要注意科学处理竞争政策和产业政策的关系，积极促进产业政策由选择性向功能性转型，并将产业政策的主要作用框定在市场失灵的领域。

为此，要通过强化竞争政策的基础地位，积极营造有利于"三农"发展，并提升其活力和竞争力的市场环境，引导各类经营主体和服务主体在参与乡村振兴的过程中公平竞争，成为富有活力和竞争力的乡村振兴参与者，甚至乡村振兴的"领头

雁"。要以完善产权制度和要素市场化配置为重点，加快推进农业农村领域的市场化改革，结合发挥典型示范作用，从根本上改变农业农村发展中存在的问题。例如，在依法保护集体土地所有权和农户承包权的前提下，如何平等保护土地经营权。目前，这方面的改革亟待提速。当前对平等保护土地经营权重视不够，加大了新型农业经营主体的发展困难和风险，也影响了其对乡村振兴带动能力的提升。近年来，部分地区推动"资源变资产、资金变股金、农民变股东"的改革创新，初步取得了积极效果。但随着"三变"改革的推进，如何加强相关产权和要素流转平台建设，完善其运行机制，促进其转型升级，亟待后续改革加力跟进。

2. 加快创新相关法律法规和监管规则，优先支持优化农业农村发展环境

通过完善法律法规和监管规则，清除不适应形势变化、影响乡村振兴的制度和环境障碍，可以降低"三农"发展的成本和风险，也有利于促进农业强、农民富、农村美。例如，近年来虽然农村宅基地制度改革试点积极推进，但实际惠及面仍然有限，严重影响农村土地资源的优化配置，导致大量宅基地闲置浪费，也加大了农村发展新产业、新业态、新模式和建设美丽乡村的困难，制约农民增收。2023年中央一号文件已经明确了要深化农村宅基地制度改革，明确扎实搞好确权，稳步推进赋权，有序实现活权，让农民更多分享改革红利。研究制定第二轮土地承包到期后再延长30年试点工作指导意见。探索建立兼顾国家、农村集体经济组织和农民利益的土地增值收益有效调节机制。这方面的政策创新较之前前进了一大步。有利于农村新产业新业态新模式的发展。

在部分城郊地区或发达的农村地区，甚至山清水秀、交通便捷、文化旅游资源丰厚的普通乡村地区，适度扩大农村宅基地制度改革试点范围，鼓励试点地区加快探索和创新宅基地"三权分置"办法，尤其是适度扩大农村宅基地、农房使用权流转范围，有条件地进一步向热心参与乡村振兴的非本农村集体经济组织成员开放农村宅基地或农房流转、租赁市场。这对于吸引城市或异地人才、带动城市或异地资源、要素参与乡村振兴，日益具有重要性和紧迫性。其意义远远超过增加农民财产性收入的问题，并且已经不是"看清看不清"或"尚待深入研究"的问题，而是应该积极稳健地"鼓励大胆探索"的事情。建议允许这些地区在保护农民基本居住权和"不得违规违法买卖宅基地，严格实行土地用途管制，严格禁止下乡利用农村宅基地建设别墅大院和私人会馆"的基础上，通过推进宅基地使用权资本化等方式，引导农民有偿转让富余的宅基地和农民房屋使用权，允许城乡居民包括"下乡"居

住或参与乡村振兴的城市居民有偿获得农民转让的富余或闲置宅基地。

此外，坚持农业农村优先发展，要以支持融资、培训、营销平台和技术、信息服务等环境建设，鼓励包容发展、创新能力成长和组织结构优化等为重点，将优化"三农"发展的公共服务和政策环境放在突出地位。相对而言，由于乡村人口和经济密度低、基础设施条件差，加之多数农村企业整合资源、集成要素的能力较弱，面向"三农"发展的服务体系建设往往难以绕开交易成本高的困扰。因此，坚持农业农村优先发展，应把加强和优化面向"三农"的服务体系建设放在突出地位，包括优化提升政府主导的公共服务体系、加强对市场化或非营利性服务组织的支持，完善相关体制机制。

坚持农业农村优先发展，还应注意以下两个方面。一是强化政府对"三农"发展的"兜底"作用，并将其作为加强社会安全网建设的重要内容。近年来，国家推动农业农村基础设施建设、持续改善农村人居环境、加强农村社会保障体系建设、加快建立多层次农业保险体系等，都有这方面的作用。二是瞄准推进农业农村产业供给侧结构性改革的重点领域和关键环节，加大引导支持力度。如积极推进质量兴农、绿色兴农，加强粮食生产功能区、重要农产品生产保护区、特色农产品优势区、现代农业产业园、农村产业融合发展示范园、农业科技园区、电商产业园、返乡创业园、特色小镇或田园综合体等农业农村发展的载体建设，更好地发挥其对实施乡村振兴战略的辐射带动作用。

（三）坚持走城乡融合发展道路

从党的十六大首次提出"统筹城乡经济社会发展"，到十七届三中全会提出"把加快形成城乡经济社会发展一体化新格局作为根本要求"，再到党的十九大报告首次提出"建立健全城乡融合发展体制机制和政策体系"，这种重大政策导向的演变反映了我们党对加快形成新型工农城乡关系的认识逐步深化，也顺应了新时代工农城乡关系演变的新特征和新趋势，这与坚持农业农村优先发展的战略导向也是一脉相承、互补共促的。党的二十大报告也强调"坚持农业农村优先发展，坚持城乡融合发展，畅通城乡要素流动"，提出"扎实推动乡村产业、人才、文化、生态、组织振兴"[①]等重要举措，为继续做好乡村振兴这篇大文章指明了方向。

近年来，随着工农、城乡之间相互联系、相互影响、相互作用不断增强，城乡之间的人口、资源和要素流动日趋频繁，产业之间的融合渗透和资源、要素、产权

---

① 习近平在中国共产党第二十次全国代表大会上的讲话

之间的交叉重组关系日益显著，城乡之间日益呈现"你中有我，我中有你"的发展格局。因此，建立健全城乡融合发展的体制机制和政策体系，走城乡融合发展之路，越来越成为实施乡村振兴战略的当务之急和战略需要。借此，按照推进新型工业化、信息化、城镇化、农业现代化同步发展的要求，加快形成以工促农、以城带乡、工农互惠、城乡共荣、分工协作、融合互补的新型工农城乡关系。那么，要想坚持城乡融合发展道路，建立健全城乡融合发展的体制机制和政策体系，就要坚持以下内容。

1. 注意同以城市群为主体构建大中小城市和小城镇协调发展的城镇格局衔接起来

在当前的发展格局下，尽管中国在政策上仍然鼓励"加快培育中小城市和特色小城镇，增强吸纳农业转移人口能力"，但农民工进城仍以流向大中城市和特大城市为主，流向县城和小城镇的极其有限。这说明，当前，中国大城市、特大城市仍然具有较强的集聚经济、规模经济、范围经济效应，且其就业、增收和其他发展机会更为密集；至于小城镇，就总体而言，情况正好与此相反。因此，在今后相当长的时期内，顺应市场机制的自发作用，优质资源、优质要素和发展机会向大城市、特大城市集中仍是难以根本扭转的趋势。但是，也要看到，这种现象的形成，加剧了区域、城乡发展失衡问题，给培育城市群功能、优化城市群内部不同城市之间的分工协作和优势互补关系，以及加强跨区域生态环境综合整治等增加了障碍，不利于疏通城市人才、资本和要素下乡的渠道，不利于发挥城镇化对乡村振兴的辐射带动作用。

因此，应按照统筹推进乡村振兴和新型城镇化高质量发展的要求，加大国民收入分配格局的调整力度，深化相关改革和制度创新，在引导大城市、特大城市加快集约型、紧凑式发展步伐，并提升城市品质和创新能力的同时，引导这些大城市、特大城市更好地发挥区域中心城市对区域发展和乡村振兴的辐射带动作用。要结合引导这些大城市、特大城市疏解部分非核心、非必要功能，引导周边卫星城或其他中小城市、小城镇增强功能特色，形成错位发展、分工协作新格局，借此培育特色鲜明、功能互补、融合协调、共生共荣的城市群。这不仅有利于优化城市群内部不同城市之间的分工协作关系，提升城市群系统功能和网络效应；还有利于推进跨区域性基础设施、公共服务能力建设和生态环境综合整治，为城市人才、资本、组织和资源等要素下乡参与乡村振兴提供便利，有利于更好地促进以工哺农、以城带乡和城乡融合互补，增强城市化、城市群对城乡、区域发展和乡村振兴的辐射带动功能，帮助农民增加共商共建共享发展的机会，提高农村共享发展水平。实际上，随着高铁网、航空网和信息网建设的迅速推进，网络经济的去中心化、去层级化特征，也会推动城市空间格局由单极化向多极化和网络化演进，凸显发展城市群、城市圈的重要性和紧迫性。

为更好地增强区域中心城市特别是城市群对乡村振兴的辐射带动力，要通过公共资源配置和社会资源分配的倾斜引导，加强链接周边的城际交通、信息等基础设施网络和关键节点、连接线建设，引导城市群内部不同城市之间完善竞争合作和协同发展机制，强化分工协作、增强发展特色、加大生态共治，并协同提升公共服务水平。要以完善产权制度和要素市场化配置为重点，以激活主体、激活要素、激活市场为目标导向，推进有利于城乡融合发展的体制机制改革和政策体系创新，着力提升城市和城市群的开放发展水平、包容发展水平和辐射带动能力。要加大公共资源分配向农业农村的倾斜力度，加强对农村基础设施建设的支持。与此同时，通过深化制度创新，引导城市基础设施和公共服务能力向农村延伸，加强以中心镇、中心村为结点，城乡衔接的农村基础设施、公共服务网络建设。要通过深化改革和政策创新，以及推进"三农"发展的政策转型，鼓励城市企业或涉农龙头企业同农户、农民建立覆盖全程的战略性伙伴关系，完善利益联结机制。

2. 积极发挥国家发展规划对乡村振兴的战略导向作用

当前，有关部门要通过部署重大工程、重大计划、重大行动，加强对农业农村发展的优先支持，鼓励构建城乡融合发展的体制机制和政策体系。在编制和实施乡村振兴规划的过程中，要结合落实主体功能区战略，贯彻中央关于"强化乡村振兴规划引领"的决策部署，促进城乡国土空间开发的统筹，注意发挥规划对统筹城乡生产空间、生活空间、生态空间的引领作用，引导乡村振兴优化空间布局，统筹乡村生产空间、生活空间和生态空间。

要注意突出重点、分类施策，在引导农村人口和产业布局适度集中的同时，将中心村、中心镇、小城镇和粮食生产功能区、重要农产品生产保护区、特色农产品优势区、现代农业产业园、农村产业融合发展示范园、农业科技园区、电商产业园、返乡创业园、特色小镇或田园综合体等，作为推进乡村振兴的战略结点。此外，建设城乡统一的产权市场、要素市场和公共服务平台，也应在规则统一、环境公平的前提下，借鉴政府扶持小微企业发展的思路，通过创新"同等优先"机制，加强对人才和优质资源向农村流动的制度化倾斜支持，缓解市场力量对农村人才和优质资源的"虹吸效应"。

3. 完善农民和农业转移人口参与发展、培训提能机制

推进城乡融合发展，关键要通过体制机制创新，一方面，帮助农村转移人口降低市民化的成本和门槛，让农民获得更多且更公平、更稳定、更可持续的发展机会和发展权利；另一方面，增强农民参与新型城镇化和乡村振兴的能力，促进农民更好地融入城市或乡村发展。要以增强农民参与发展能力为导向，完善农民和农业转移人口培训提能支撑体系，为乡村振兴提供更多的新型职业农民和高素质人口，为新型城镇化提供更多的新型市民和新型产业工人。要结合完善利益联结机制，注意发挥新型经营主体、新型农业服务主体带头人的示范带动作用，促进新型职业农民成长，带动普通农户更好地参与现代农业发展和乡村振兴。要按照需求导向、产业引领、能力本位、实用为重的方向，加强统筹城乡的职业教育和培训体系建设，通过政府采购公共服务等方式，加强对新型职业农民和新型市民培训能力建设的支持。要创新政府支持方式，支持政府主导的普惠式培训与市场主导的特惠式培训分工协作、优势互补。鼓励平台型企业和市场化培训机构在加强新型职业农民和新型市民培训中发挥中坚作用。要结合支持创新创业，加强人才实训基地建设，健全以城带乡的农村人力资源保障体系。

4. 加强对农村一二三产业融合发展的政策支持

推进城乡融合发展，要把培育城乡有机结合、融合互动的产业体系放在突出地位。推进农村一二三产业融合发展，有利于发挥城市企业、城市产业对农村企业、农村产业发展的引领带动作用。要结合加强城市群发展规划，创新财税、金融、产业、区域等支持政策，引导农村产业融合优化空间布局，强化区域分工协作、发挥城市群和区域中心城市对农村产业融合的引领带动作用。要创新农村产业融合支持政策，引导农村产业融合发展统筹处理服务市民与富裕农民、服务城市与繁荣农村、增强农村发展活力与增加农民收入、推进新型城镇化与建设美丽乡村的关系。鼓励科技人员向科技经纪人和富有创新能力的农村产业融合企业家转型。注意培育企业在统筹城乡发展、推进城乡产业融合中的骨干作用，努力营造产业融合发展带动城乡融合发展新格局。鼓励商会、行业协会和产业联盟在推进产业融合发展中增强引领带动能力。

三、实施乡村振兴战略的重要意义

实施乡村振兴战略，具有重大的历史性、理论性和实践性意义。从历史角度看，它是在新的起点上总结过去，谋划未来，深入推进城乡发展一体化，提出了乡

村发展的新要求新蓝图。从理论角度看，它是深化改革开放，实施市场经济体制，系统解决市场失灵问题的重要抓手。从实践角度看，它是呼应老百姓新期待，以人民为中心，把农业产业搞好，把农村保护建设好，把农民发展进步服务好，提高人的社会流动性，扎实解决农业现代化发展、社会主义新农村建设和农民发展进步遇到的现实问题的重要内容。

(一) 实施乡村振兴战略是解决发展不平衡不充分矛盾的迫切要求

新时代，伴随社会主要矛盾的转化，对经济社会发展提出更高要求。新时代我国社会主要矛盾已经转化为人民日益增长的美好生活需要和不平衡不充分的发展之间的矛盾。改革开放以来，随着工业化的快速发展和城市化的深入推进，我国城乡出现分化，农村发展也出现分化，目前最大的不平衡是城乡之间发展的不平衡和农村内部发展的不平衡，最大的不充分是"三农"发展的不充分，包括农业现代化发展的不充分，社会主义新农村建设的不充分，农民群体提高教科文卫发展水平和共享现代社会发展成果的不充分等。从决胜全面建成小康社会，到基本实现社会主义现代化，再到建成社会主义现代化强国，解决这一新的社会主要矛盾需要实施乡村振兴战略。

(二) 实施乡村振兴战略是解决市场经济体系运行矛盾的重要抓手

改革开放以来，我国始终坚持市场经济改革方向，市场在资源配置中发挥着越来越重要的作用，提高了社会资源配置效率，促进了生产力发展水平大幅提高，社会劳动分工越来越深、越来越细。随着市场经济深入发展，需要考虑市场体制运行所内含的生产过剩矛盾以及经济危机等问题，需要不断扩大稀缺资源配置的空间和范围。解决问题的途径是实行国际国内两手抓，除了把对外实行开放经济战略、推动形成对外开放新格局，包括重点加强创新能力开放合作，拓展对外贸易、培育贸易新业态新模式、推进贸易强国建设，实行高水平的贸易和投资自由化便利化政策，创新对外投资方式、促进国际产能合作，加快培育国际经济合作和竞争新优势等作为重要抓手外，也需要把对内实施乡村振兴战略作为重要抓手，形成各有侧重和相互补充的长期经济稳定发展战略格局。由于国际形势复杂多变，相比之下，实施乡村振兴战略更加安全可控、更有可能做好和更有福利效果。

(三) 实施乡村振兴战略是解决农业现代化的重要内容

经过多年持续不断的努力，我国农业农村发展取得重大成就，现代农业建设取得重大进展，粮食和主要农产品供求关系发生重大变化，农民收入持续增长，脱贫攻坚取得决定性进展，农村改革实现重大突破，农村各项建设全面推进，为实施乡村振兴战略提供了有利条件。与此同时，在实践中，由于历史原因，目前农业现代化发展、社会主义新农村建设和农民的教育科技文化发展存在很多突出问题迫切需要解决。面向未来，随着我国经济不断发展，城乡居民收入不断增长，广大市民和农民都对新时代农村的建设发展存在很多期待。把乡村振兴作为党和国家战略，统一思想，提高认识，明确目标，完善体制，搞好建设，加强领导和服务，不仅呼应了新时代全国城乡居民发展新期待，而且也将引领农业现代化发展和社会主义新农村建设以及农民教育科技文化进步。

第二章 乡村建设的目标与原则

第一节 乡村建设的目标

乡村建设承载着广大人民群众对美好生活的追求。建设优美舒适的人居生存环境不仅是每一个村民的愿望，更是全党全国各族人民殷切的期盼。乡村建设不仅是要体现"美"，关键还要坚持绿色可持续发展的理念，实现经济产业、组织治理、人文素养、生态环境等全方位的美。

一、乡村建设的总体目标

按照生产、生活、生态和谐发展的要求，坚持"科学规划、目标引导、试点先行、注重实效"的原则，以政策、人才、科技、组织为支撑，以发展农业生产、改善人居环境、传承生态文化、培育文明新风为途径，构建与资源环境相协调的农村生产生活方式，打造"生态宜居、生产高效、生活美好、人文和谐"的示范典型，形成各具特色的"美丽乡村"发展模式，进一步丰富和提升新农村建设内涵，全面推进现代农业发展、生态文明建设和农村社会管理。

二、乡村建设的分项目标

乡村建设目标体系可以分为产业发展、生活舒适、民生和谐、文化传承、支撑保障等五大类20个子目标。其中产业发展包括产业形态、生产方式、资源利用、经营服务等4个子目标；生活舒适包括经济宽裕、生活环境、居住条件、综合服务等4个子目标；民生和谐包括权益维护、安全保障、基础教育、医疗养老等4个子目标；文化传承包括乡风民俗、农耕文化、文体活动、乡村休闲等4个子目标；支撑保障包括规划编制、组织建设、科技支撑、职业培训等4个子目标。

（一）产业发展

产业形态：主导产业明晰，产业集中度高，每个乡村有一两个主导产业；当地农民（不含外出务工人员）从主导产业中获得的收入占总收入的80%以上；形成从生产、贮运、加工到流通的产业链条并逐步拓展延伸；产业发展和农民收入增速在当地处于领先水平；注重培育和推广"三品一标"，无农产品质量安全事故。

生产方式：按照"增产增效并重、良种良法配套、农机农艺结合、生产生态协调"的要求，稳步推进农业技术集成化、劳动过程机械化、生产经营信息化，实现农业基础设施配套完善，标准化生产技术普及率达到90%；土地等自然资源适度规模经营稳步推进，适宜机械化操作的地区（或产业）机械化综合作业率达到90%以上。

资源利用：资源利用集约高效，农业废弃物循环利用，土地产出率、农业水资源利用率、农药化肥利用率和农膜回收率高于当地的平均水平；秸秆综合利用率达到95%以上；农业投入品包装回收率达到95%以上；人畜粪便处理利用率达到95%以上；病死畜禽无害化处理率达到100%。

经营服务：新型农业经营主体逐步成为生产经营活动的骨干力量；新型农业社会化服务体系比较健全，农民合作社、专业服务公司、专业技术协会、涉农企业等经营性服务组织作用明显；农业生产经营活动所需的政策、农资、科技、金融、市场信息等服务到位。

（二）生活舒适

经济宽裕：集体经济良好，"一村一品"或"一镇一业"发展良好，农民收入水平较高，改善生产、生活的愿望强烈且具备一定的投入能力。

生活环境：农村公共基础设施完善、布局合理、功能配套，乡村景观设计科学，村容村貌整洁有序，河塘沟渠得到综合治理；生产生活实现分区、主要道路硬化；人畜饮水设施完善、安全达标；生活垃圾、污水处理利用设施完善，处理率达到95%以上。

居住条件：住宅美观舒适，大力推广应用农村节能建筑；清洁能源普及，农村沼气、太阳能、小风电、微水电等可再生能源在适宜地区得到普遍推广应用；节能炉灶等生活节能产品广泛应用；环境卫生设施配套，改厨、改厕全面完成。

综合服务：交通出行便利快捷，商业服务能满足日常生活需要，用水、用电、用气和通讯生活服务设施齐全，维护到位，村民满意度高。

（三）民生和谐

权益维护：创新集体经济有效发展形式，增强集体经济组织的实力和服务能力，保障农民土地承包经营权、宅基地使用权和集体经济收益分配权等财产性权益。

安全保障：遵纪守法蔚然成风，社会治安良好有序；无刑事犯罪和群体性事件，无生产和火灾安全隐患，防灾减灾措施到位，居民安全感强。

基础教育：教育设施齐全，义务教育普及，适龄儿童入学率100％，学前教育能满足需求。

医疗养老：新型农村合作医疗普及，农村卫生医疗设施健全，基本卫生服务到位；养老保险全覆盖，老弱病残贫等得到妥善救济和安置，农民无后顾之忧。

(四) 文化传承

乡风民俗：民风朴实、文明和谐，崇尚科学、反对迷信；明礼诚信、尊老爱幼，勤劳节俭、奉献社会。

农耕文化：传统建筑、民族服饰、农民艺术、民间传说、农谚民谣、生产生活方式、农业文化遗产得到有效保护和传承。

文体活动：文化体育活动经常性开展，有计划、有投入、有组织、有设施，群众参与度高、幸福感强。

乡村休闲：自然景观和人文景点等旅游资源得到保护性挖掘，民间传统手工艺得到发扬光大，特色饮食得到传承和发展，农家乐等乡村旅游和休闲娱乐得到健康发展。

(五) 支撑保障

规划编制：试点乡村要按照"美丽乡村"创建工作的总体要求，在当地政府指导下，根据自身特点和实际需要，编制详细、明确、可行的建设规划，在产业发展、村庄整治、农民素质、文化建设等方面明确相应的目标和措施。

组织建设：基层组织健全、班子团结、领导有力，基层党组织的战斗堡垒作用和党员先锋模范作用充分发挥；土地承包管理、集体资产管理、农民负担管理、公益事业建设和村务公开、民主选举等制度得到有效落实。

科技支撑：农业生产、农村生活的新技术、新成果得到广泛应用，公益性农技推广服务到位，每个村子都有农民技术员和科技示范户，农民学科技、用科技的热情度高。

职业培训：新型农民培训全覆盖，培育一批种养大户、家庭农场、农民专业合作社、农业产业化龙头企业等新型农业生产经营主体，农民科学文化素养得到提升。

三、生态乡村建设展望与思考

通过对我国乡村建设实践探索的梳理，对我国未来生态乡村建设提出以下宏观层面的展望。

第一，国家层面要充分考虑我国的地域差异性，进一步制定针对不同地域分区的生态乡村建设标准和意见，包括生态乡村建设主要内容（方面），构建合理的生态乡村建设体系。

第二，地方政府要高度重视生态乡村建设，并给予乡村生态产业大力支持，包括资金扶持（如明确科技专项资金扶持）、技术指导与各种政策优惠，引导乡村发展绿色、环保、清洁的产业，打造一批独具特色的生态乡村，带动农村经济发展。

第三，农业现代化要常抓不懈。全国范围内，尤其是农业大省，大力发展乡村生态农业：树立循环经济观念，政府引导实施农业循环经济示范项目，推动现代农业园区、绿色产品基地的建设；加强乡村市场体系建设，提高农产品的规模化程度，加强居民的营销意识，最大限度地发挥生态农业的效益。

第四，生态乡村的发展要以保民生为第一要务。我国生态乡村建设路径的选择要以实现农村经济增长、社会重构和现有环境改善的统一为原则，因为农村发展问题仍然是当下我国广大农村地区实现现代化和实现全民族共同富裕最突出的问题。

第五，生态乡村的建设要注重建设规划、建设技术的支撑。大力发展生态乡村建设技术，特别是注重对低成本、适宜生态技术的利用，从乡村生态农业经营技术、土地集约利用技术、乡村生活环境改善中的住区生态绿化技术、生活垃圾资源化利用技术、污水处理技术等多方面着手改进和推广。

第二节 乡村建设的原则

乡村建设是一项长期而复杂的系统工程，规划是开展乡村建设的前提，为了科学有序地推进乡村建设，必须编制统筹乡村空间发展的综合规划，全面考虑乡村的道路网络、公共服务设施、生态修复、古迹保护、农业发展、村庄更新等需要，提升乡村建设的品质和功能配置。当下，不少地区的乡村建设，模仿城市建设的模式，重蹈城市建设中的"摊大饼"和外延式扩张，造成千村一面；或者用城市的视角来美化乡村，随意拆村建居，导致乡村景观风貌严重受损、乡村特色丢失。乡村建设要按照城乡统筹发展的要求，做好村镇布局规划；要以优化农村人口和村庄布局为基本导向,将土地利用规划、农村居民点布局规划、土地整治规划、农房改造建设规划、环境综合整治规划、农业发展规划、交通水利规划、古村落保护规划、农村社区服务中心建设规划等全面整合,推进乡村整体布局美,使乡村整体成为桃花源式的美丽艺术品。凡是在乡村建设有着成功经验的地区,严格的乡村空间规划都是成功的首要条件。不同层次的乡村空间规划对各类用地布局进行详细的安排,同时对土地利用在经济、社会和生态三方面都有综合的考虑。在强有力的规划执行和保障体系下,各种类型的农房置换、土地改良或者农业开发都只是规划的具体执行过程,任何违背规划的建设行为都是不允许的。

而乡村建设的原则,是指在乡村建设过程中,对于如何正视人与人、人与自然以及人与社会之间的关系,为协调乡村经济、政治和生存环境之间的关系而设定的标准和规范准则。在乡村建设中秉承系统和谐、公正理性、协同开放、可持续性的准则,能够有效推动乡村建设的开展,为其建设工作提供指导和依据。

一、系统和谐原则

系统和谐的概念在社会上由来已久,如今运用到乡村建设原则中来,更加显得恰如其分。在建设中要注重个体与整体的关系,还要注意人与人、人与自然之间的和谐问题,秉承系统和谐的原则是实现乡村永续发展的内在动力。乡村建设是一个系统性的工程,涵盖生产、生态、教育等各方面,缺一不可。作为一个系统,乡村建设不能以分散化、碎片化的形式发展,需要做到系统性的发展,统筹规划,达到乡村内在美和外在美的统一,实现乡村的环境保护和经济发展的融合,只有这样才能真正推进乡村面貌的改造。正如习近平总书记所言,"实现城乡一体化,建设美丽乡村,是要给乡亲们造福,不要把钱花在不必要的事情上,不能大拆大建,特别是古村落要保护好。"

和谐原则要求乡村在内在美的建设上,坚持人与自然的和谐共生,人与地球上其他生物构成了一个统一的有机生态系统,人只是这个生态系统中的一部分,我们不应一味地向自然索取,而是应该尊重生态系统中的每一个个体,遵循自然发展规律,维护生态系统的和谐、稳定发展,实现人与自然的和谐统一。

乡村在外在美建设上,要求构建人与人之间和谐相处的文明乡村氛围。抓好乡村基层组织治理建设,强化乡村文化产业建设目标,维护乡村的和谐安定,让广大村民拥有更多的安全感、幸福感和获得感,营造一个拥有优良道德文化传统、和谐美丽的新乡村。

二、公正理性原则

乡村建设应坚持人与大自然之间发展平衡，承认大自然在生态系统中的价值和地位，绝不能以牺牲大自然利益来换取自身利益。应当保护生物多样性，保持生态平衡，建立人与自然生命共同体。另外，乡村建设还要注重各主体间公平享受资源的权利，公平承担相应的责任。面对有限的资源环境，在满足自身利益的同时绝不能损害子孙后代的利益。乡村的发展需要政府、企业、公众和社会的"合力"，需要调动各个建设主体的积极性和热情，但也要保持理性，精准施策。发展上要理性，打破那种只顾经济利益、忽略环境保护的发展理念。在开发和利用资源上也要保持理性的态度，适度开发，绝不能为了眼前利益而失去长远的利益。消费上也要理性，树立正确的消费观念，追求绿色消费、生态消费。

三、协同开放原则

协同原则是指各个主体在运行发展过程中相互协调、相互配合、相互促进的原则。协同原则坚持在人居生存环境不被破坏的前提之下，推动经济水平的高质量、高速度运转，实现生态环境和经济水平的平衡发展。要以经济利益为重要保障，促进生态环境的可持续发展，协调城市和乡村发展不平衡的关系。

开放原则是指乡村建设问题不仅仅涉及单个乡村的建设发展，它涉及乡村与乡村之间、乡村与城市之间等多个建设主体的问题。我们要秉承对外开放的战略思想，借鉴已有的乡村建设成果与经验，团结协作，对外开放，凝聚力量，以推进乡村建设。在乡村建设的过程中，应该协调人与人、人与自然、人与社会之间的相互关系，在协同的基础上，加大开放，让其积极融入市场环境，使得整个工程实现真正意义上的协同统一。

协同开放的原则给乡村建设提出了更高的要求，既要做到各建设主体之间的相互协作，取长补短，在协同中促进发展，又要做到敞开胸怀，批判继承和大胆创新，在开放中谋进步。在人类命运共同体的相关理念下，世界是同呼吸共命运的，最终会逐渐融为一体。乡村建设的成果和经验，也将成为促进全人类发展的共同价值财富和经验启迪。

四、可持续性原则

可持续性原则要求我们既要顾及当下，又要着眼于未来，要立足于全局、整体以及长远利益,在生态环境可持续发展的基础上,实现经济和社会的可持续发展以及资源的永续利用。乡村建设需要坚持可持续性原则,人类社会在发展的进程中,应该合理利用各类自然资源,绝不可无节制地开发。地球上的资源是属于全人类共享的,每一代人都有平等享受资源的权利。从长远的角度着眼,为了我们和子孙后代都能享受到大自然的馈赠,当代人要克制自己的欲望,合理利用资源,留子孙后代一个美好的未来。在人与自然的关系上,地球上的很多资源是不可再生的,要取之有度,用之有节,在可持续发展原则的指引下,我们应该为可持续生存与发展保留一定的空间。坚持可持续性原则,需要做到资源的可持续利用,人与自然的可持续发展,这对于全人类的生存和发展大有益处。

但是,在现实发展中,人与自然不和谐的现象时有发生,人类的很多行为往往以牺牲资源和环境为代价。在过去的一段时间里,或许人类尝到了短期甜头,可是也付出了不可估量的代价。乡村作为保护较弱的地区,极易被过度开采和发掘,从而影响乡村原始生产力,造成经济和生态的巨大破坏。可持续性原则应成为乡村建设中必须坚持的原则,应当加大力度对乡村的环境进行保护,推进美丽中国加速前进。

在乡村建设过程中,应该遵循建设和发展并重的原则,这是实现美丽中国目标的前提和保障。这些原则的提出,使得美丽乡村建设进程能够有章可循、有原则可依。不盲目地大搞开发建设,就不会破坏乡村的自然风貌,也不会损害广大村民的根本利益。

第三章 乡村生态环境建设

第一节 重视乡村生态环境保护

良好生态环境是乡村振兴的最大优势和宝贵财富,因此,必须尊重自然、顺应自然、保护自然。推动乡村生态振兴,除了要坚持绿色发展,更要加强乡村生态环境保护,打造农民安居乐业的美丽家园。

一、生态环境保护思想

党的二十大以来,我们党吸收并继承改革开放以来生态思想的有益成果,总结我们国家在追求经济线性发展时,日益出现的与生态环境之间不相协调的关系现状,把生态文明建设纳入实现社会主义现代化的"五位一体"总体布局,努力实现生态保护与经济发展的和谐共赢,建设美丽中国,实现中华民族的永续发展。习近平总书记用"绿水青山就是金山银山"的形象比喻,将生态文明建设提到了新的发展高度,不再单方面强调实现经济效益、追求经济发展速度,也不单方面创新生态理论观念,而是实现理论与实践同时发展,创新生态建设理论用以指导改变经济发展模式的具体实践,在实践基础上反过来丰富生态理论。鉴于之前追求经济发展带来的生态环境问题、片面追求 GDP 的过程中付出的沉重的生态代价,我们党吸取经验教训,充分认识到自然资源的有限性、稀缺性和自然规律的客观性,认识到在满足人民日益增长的美好生活需要的同时必须充分发挥人类的主观能动性去认识自然、改造自然、合理利用自然,但我们需要明确对自然界改造和利用的过程中的合理之"度",需要限定在自然界自身的承载力范围之内。否则,一味地去压榨和征服自然界,量变达到一定的程度必将引起质变,导致人与自然不再和谐共生。

习近平总书记认识到经济发展过程中出现的人与自然日益失衡的现象,并从人与自然、经济发展与生态保护的辩证关系去阐释生态文明建设的重要性以及"绿水青山就是金山银山"的生态内涵。"绿水青山"是我们赖以生存的自然界,是为我们提供丰富资源的自然基础;"金山银山"是通过进一步开发利用"绿水青山",在尊重自然界客观规律的基础上，充分发挥人的主观能动性进而实现的。主观能动性的发挥必须在适度的范围之内，使其自然资源本身具有的使用价值在人类的劳动、交换、消费过程中创造新的价值，从而为我们社会创造物质财富。我们只有在适度的范围之内、在尊重自然界客观规律的基础之上，发挥人类的主观能动性，利用自然界丰富的自然资源，进而改造自然，促进经济的可持续发展和中华民族的永续发展，才能说"保护环境就是保护生产力，改善生态环境就是发展生产力"。处理好经济发展与生态保护的关系，事关中华民族的永续发展和"两个一百年"奋斗目标的实现，所以绝不能以牺牲环境、浪费资源为代价换取一时的经济增长。

党的二十大的报告明确了我国社会主要矛盾是人民日益增长的美好生活需要和不平衡不充分的发展之间的矛盾，并紧紧围绕这个社会主要矛盾推进各项工作，不断丰富和发展人类文明新形态。"美好的生活需要"包括人与自然的和谐共生，因此只有正确认识和妥善处理人与自然的关系，才能实现我国经济的长期性发展、可持续发展，所以党和国家根据我国新时代的具体国情，提出要实现生态产品从量到质的飞跃，以满足人民日益增长的美好生活需要。习近平总书记在党的二十大报告中指出："大自然是人类赖以生存发展的基本条件。尊重自然、顺应自然、保护自然，是全面建设社会主义现代化国家的内在要求。必须牢固树立和践行绿水青山就是金山银山的理念，站在人与自然和谐共生的高度谋划发展。"[1] 在中国特色社会主义新时代，贯彻我们建设的社会主义现代化不仅仅是经济迅速发展带来的物质文明现代化，还包括人与自然和谐共生的生态文明现代化。为实现生态文明现代化，必须认真贯彻绿色发展、低碳发展的生态理念，自上而下地提高全民族保护生态环境的自觉性和主动性，在全国范围之内增强保护自然的自觉意识。同时为进一步恢复生态环境，加快生态文明体制的改革，建立生态文明制度体系，以法的形式监督、促进生态文明的改革和建设。习近平总书记在党的二十大报告中指出："统筹产业结构调整、污染治理、生态保护、应对气候变化，协同推进降碳、减污、扩绿、增长，推进生态优先、节约集约、绿色低碳发展。"[2] 从而形成人与自然和谐共生的新格局。生态文明建设事关我国伟大梦想的实现，是利在千秋的关键一步。加强生态文明建设、实现生态文明现代化不仅仅是建设美丽中国的必然要求，更是实现"两个一百年"奋斗目标的必然要求。

---

[1] 习近平在中国共产党第二十次全国代表大会上的讲话
[2] 同[1]

二、构建乡村生态环境保护体系

（一）增强乡村生态环境保护的使命感

各级农业农村部门要深入学习贯彻习近平生态文明思想，切实把思想和行动统一到中央决策部署上来，深入推进农业农村生态环境保护工作，提升农业农村生态文明。要深刻把握人与自然和谐共生的自然生态观，正确处理"三农"发展与生态环境保护的关系，自觉把尊重自然、顺应自然、保护自然的要求贯穿到"三农"发展全过程。要深刻把握"绿水青山就是金山银山"的发展理念，坚定不移走生态优先、绿色发展新道路，推动农业高质量发展和农村生态文明建设。要深刻把握良好生态环境是最普惠民生福祉的宗旨精神，着力解决农业面源污染、农村人居环境脏乱差等农业农村突出环境问题，提供更多优质生态产品以满足人民对优美生态环境的需要。要深刻把握山水林田湖草是生命共同体的系统思想，多措并举、综合施策，提高农业农村生态环境保护工作的科学性、有效性。要深刻把握用最严格制度最严密法治保护生态环境的方法路径，实施最严格的水资源管理制度和耕地保护制度，给子孙后代留下良田沃土、碧水蓝天。

（二）构建乡村生态环境保护的制度体系

构建农业绿色发展制度体系，落实农业功能区制度，建立农业生产力布局、耕地轮作休耕、节约高效的农业用水等制度，建立农业产业准入负面清单制度，因地制宜制定禁止和限制发展产业目录。推动建立工业和城镇污染向农业转移防控机制，构建农业农村污染防治制度体系，加强农村人居环境整治和农业环境突出问题治理，推进农业投入品减量化、生产清洁化、废弃物资源化、产业模式生态化，加快补齐农业农村生态环境保护突出短板。健全以绿色生态为导向的农业补贴制度，推动财政资金投入向农业农村生态环境领域倾斜，完善生态补偿政策。加大政府和社会资本合作（PPP）在农业生态环境保护领域的推广应用，引导社会资本投向农业资源节约利用、污染防治和生态保护修复等领域。加快培育新型市场主体，采取政府统一购买服务、企业委托承包等多种形式，推动建立农业农村污染第三方治理机制。

（三）推进农业绿色发展的重大行动

推进化肥减量增效。实施果菜茶有机肥替代化肥行动，支持果菜茶优势产区、核心产区、知名品牌生产基地开展有机肥替代化肥试点示范，引导农民和新型农业经营主体采取多种方式积极施用有机肥，集成推广化肥减量增效技术模式，加快实现化肥使用量负增长。推进农药减量增效，加大绿色防控力度，加强统防统治与绿色防控融合示范基地和果菜茶全程绿色防控示范基地建设，推动绿色防控替代化学防治，推进农作物病虫害专业化统防统治，扶持专业化防治服务组织，集成推广全程农药减量控害模式，稳定实现农药使用量负增长。

推进畜禽粪污资源化利用。根据资源环境承载力，优化畜禽养殖区域布局，推进畜牧大县整县实现畜禽粪污资源化利用，支持规模养殖场和第三方建设粪污处理利用设施，集成推广畜禽粪污资源化利用技术，推动形成畜禽粪污资源化利用可持续运行机制。推进水产养殖业绿色发展，优化水产养殖空间布局，依法加强养殖水域滩涂统一规划，划定禁止养殖区、限制养殖区和养殖区，大力发展池塘和工厂化循环水养殖、稻渔综合种养、大水面生态增养殖、深水抗风浪网箱等生态健康养殖模式。

推进秸秆综合利用。以东北、华北地区为重点，整县推进秸秆综合利用试点，积极开展肥料化、饲料化、燃料化、基料化和原料化利用，打造深翻还田、打捆直燃供暖、秸秆青黄贮和颗粒饲料喂养等典型示范样板。加大农用地膜新国家标准宣传贯彻力度，做好地膜农资打假工作，加快推进加厚地膜应用，研究制定农膜管理办法，健全回收加工体系，以西北地区为重点建设地膜治理示范县，构建加厚地膜推广应用与地膜回收激励挂钩机制，开展地膜生产者责任延伸制度试点。

（四）着力改善农村人居环境

各级农业农村部门要发挥好牵头作用，以农村垃圾、污水治理和村容村貌提升为主攻方向，加快补齐农村人居环境突出短板，把农村建设成为农民幸福生活的美好家园。加强优化村庄规划管理，推进农村生活垃圾、污水治理，推进"厕所革命"，整治提升村容村貌，打造一批示范县、示范乡镇和示范村，加快推动功能清晰、布局合理、生态宜居的美丽乡村建设。发挥好村级组织作用，多途径发展壮大集体经济，增强村级组织动员能力，支持社会化服务组织提供垃圾收集转运等服务。同时调动好农民的积极性，鼓励投工投劳参与建设管护，开展房前屋后和村内公共空间环境整治，逐步建立村庄人居环境管护长效机制。学习借鉴浙江"千村示范、万村整治"经验，组织开展"百县万村示范工程"，通过试点示范不断探索积累经验，及时总结推广一批先进典型案例。

（五）切实加强农产品产地环境保护

加强污染源头治理，会同有关部门开展涉重金属企业排查，严格执行环境标准，控制重金属污染物进入农田，同时加强灌溉水质管理，严禁工业和城市污水直接灌溉农田。开展耕地土壤污染状况详查，实施风险区加密调查、农产品协同监测，进一步摸清耕地土壤污染状况，明确耕地土壤污染防治重点区域。在耕地土壤污染详查和监测基础上，将耕地环境质量划分为优先保护、安全利用和严格管控三个类别，实施耕地土壤环境质量分类管理。以南方酸性土水稻产区为重点，分区域、分作物品种建立受污染耕地安全利用试点，合理利用中轻度污染耕地土壤生产功能，大面积推广低积累品种替代、水肥调控、土壤调理等安全利用措施，推进受污染耕地安全利用。严格管控重度污染耕地，划定农产品禁止生产区，实施种植结构调整或退耕还林还草。

(六) 大力推动农业资源养护

加快发展节水农业，统筹推进工程节水、品种节水、农艺节水、管理节水、治污节水，调整优化品种结构，调减耗水量大的作物，扩种耗水量小的作物，大力发展雨养农业。建设高标准节水农业示范区，集中展示膜下滴灌、集雨补灌、喷滴灌等模式，继续抓好地下水超采区综合治理。加强耕地质量保护与提升，开展农田水利基本建设，推进旱涝保收、高产稳产高标准农田建设。推行耕地轮作休耕制度，坚持生态优先、综合治理、轮作为主、休耕为辅，集成一批保护与治理并重的技术模式。加强水生野生动植物栖息地和水产种质资源保护区建设，建立长江流域重点水域禁捕补偿制度，加快推进长江流域水生生物保护区全面禁捕，加强珍稀濒危物种保护，实施长江江豚、中华白海豚、中华鲟等旗舰物种拯救行动计划，全力抓好以长江为重点的水生生物保护行动。大力实施增殖放流，加强海洋牧场建设，完善休渔禁渔制度，在松花江、辽河、海河流域建立禁渔期制度，实施海洋渔业资源总量管理制度和海洋渔船"双控"制度，加强幼鱼保护，持续开展违规渔具清理整治，严厉打击涉渔"三无"船舶。加强种质资源收集与保护，防范外来生物入侵。

(七) 显著提升科技支撑能力

要突出绿色导向，把农业科技创新的方向和重点转到低耗、生态、安全、优质、循环等绿色技术上来，加强技术研发集成，不断提升农业绿色发展的科技水平。优化农业科技资源布局，推动科技创新、科技成果、科技人才等要素向农业生态文明建设倾斜。依托畜禽养殖废弃物资源化处理、化肥减量增效、土壤重金属污染防治等国家农业科技创新联盟，整合技术、资金、人才等资源要素，开展产学研联合攻关，合力解决农业农村污染防治技术瓶颈问题。组织实施农业农村部印发的《农业绿色发展技术导则（2018—2030年）》，推进现代农业产业技术体系与农业农村生态环境保护重点任务和技术需求对接,促进产业与环境科技问题一体化解决。发布重大引领性农业农村资源节约与环境保护技术,加强集成熟化,开展示范展示,遴选推介一批优质安全、节本增效、绿色环保的农业农村主推技术。

(八)建立健全考核评价机制

各级农业农村部门要切实将农业生态环境保护摆在农业农村经济工作的突出位置,加强组织领导,明确任务分工,落实工作责任,确保党中央、国务院决策部署不折不扣地落到实处。深入开展教育培训工作,提高农民节约资源、保护环境的自觉性和主动性。完善农业资源环境监测网络,开展农业面源污染例行监测,做好第二次全国农业污染源普查,摸清农业污染源基本信息,掌握农业面源污染的总体状况和变化趋势。紧紧围绕"一控两减三基本"目标任务,依托农业面源污染监测网络数据,做好省级农业面源污染防治延伸绩效考核,建立资金分配与污染治理工作挂钩的激励约束机制。探索构建农业绿色发展指标体系,适时开展部门联合督查,对农业绿色发展情况进行评价和考核,压实工作责任,确保工作纵深推进、落实到位。坚持奖惩并重,加大问责力度,将重大农业农村污染问题、农村人居环境问题纳入督查范围,对污染问题严重、治理工作推进不力的地区进行问责,对治理成效明显的地区予以激励支持。

第二节 维护乡村生态环境

一、乡村生态环境

(一)生态环境治理

对于生态环境的内涵,学术界还没有一致的定义,一般是从生态系统的视角来研究。生态,是指生物存在的生活状态。生态一词来自古希腊语,意为"家"或"我们的环境"。简而言之,生态学是指所有生物的生存条件以及它们与环境之间的相互联系。生态学的概念是由德国生物学家 E. 恩斯特·海克尔在 1866 年最先提出的,这是一门研究动植物及其环境、动植物之间的关系以及它们对生态系统的影响的学科。环境则是指周围所存在的条件,是以某一事物为中心的。农村主体为农民,则农村生态环境主要是针对农民而言,是农民生存的一种状态。其影响因素包括自然环境和社会环境。农村自然环境主要包括土壤环境和水环境,而社会环境主要是农业环境和生物环境。这些影响因素是存在制约关系的,只要其中一个因素发生变化，都有可能引起其他方面的变化。农村生态环境治理本质上包括评估和实施可持续的环境政策，并在人与自然之间建立强有力的互动关系。农村生态环境治理是指农村人居生活环境、大气环境、水环境、土壤环境等社会环境和自然环境的系统治理，即治理生活垃圾污染、水污染、农业面源污染、洁水洁厕、大气污染，改善村容村貌和创建良好的农村生态环境。

（二）农村生态环境治理在"美丽乡村"建设中的意义

我国农村经过长久以来的粗放型发展，积累了诸多环境问题。由于资金有限、生态环保意识淡薄，我国农村地区的生态环境问题比较突出。为了解决这一问题，中国广大农村地区正在积极开展美丽乡村建设实践。农村生态环境治理有助于加快美丽乡村建设的进程，具体表现在以下四个方面。

第一，农村生态环境治理有助于实现人民群众的"生活美"。农村生态环境治理可以创造和维护良好的人居环境，使我国农村生活污水、垃圾危害、工业污染等得到改善，提高农村生活环境质量，提高村民的生活舒适度，满足群众的健康环境需求。

第二，农村生态环境治理对保持农村的"生态美"发挥着重要作用。我国农村地区生态保护的任务繁重，农村生态环境治理可以维护农村生态系统，保护资源；促进农村生态环境的改善，促进农村可持续发展目标的实现。

第三，农村生态环境治理可以为农村的"生产美"提供助力。农村生态环境治理有助于农村的资源利用，帮助推动农村产业的发展，促进农村第一产业和第二、第三产业的协调发展，在保护环境的前提下发展生产，提高农村群众收入。

第四，农村生态环境治理能促进实现农村的"人文美"。农村生态环境治理的规划、设计可以参考当地的人文风情和历史底蕴，农村生态环境治理能够体现出农村的人文内涵和精神特质，有助于美丽乡村建设目标的实现。

二、维护农村生态环境治理的对策

（一）大力培育生态文化，增强生态文明意识

1. 拓展宣传形式，提升民众环保意识

拓展宣传形式，加深民众对环境保护的认识，从而增强他们的环保意识。可以积极采用以下宣传形式。

利用媒体展开宣传，如利用电视、报纸、广播电台、官方微信、微博等新媒体平台和门户网站，发布环境保护工作动态，及时应对环境保护热点难点的问题，以

及对环境保护知识进行广泛宣传等。同时注重加强与公众在线沟通和互动,提高公众知晓度、参与满意度,打造一个传递环境政策、发布环保工作信息、环境知识和公众参与在环境保护工作中的重要阵地。

环保部门进行现场宣传。环保部门现场进行环保法律法规咨询,环保执法、监测设备展示;发放环保宣传单、环保布袋、知识手册及环保法规宣传资料等;号召全社会行动起来,共同关心、支持、参与环保事业,传播绿色消费理念,践行绿色生活,以及节约资源和保护生态环境,为建设美丽中国做贡献。环保部门开展环保设施公众开放日活动,组织公众参观环境监测站的大气环境自动监测站,介绍大气环境质量,让群众了解辐射、噪声等便携监测设备、应急监测装备、环境监测实验室、空气质量自动监测仪器设备等,进一步加深公众对环保设施的认识。环保部门开展环保志愿者服务活动,组织环保志愿者服务队开展主题户外环保文明实践活动;通过实际行动践行环保意识,为营造绿色生活、保护大自然贡献自己的一分力量;经常组织志愿者走上街头、村落,面对面为社会公众普及生态环境知识。

2. 以人为本,培养正确的生态价值观

生态价值观是生态治理的引领,生态文化体系的核心是生态价值观,生态价值观的核心理念是节约生态环境资源、保护生态环境,主要以生态道德为内核。一要从"高"处着眼,"实"处着手,全面开展以提高民众文明素质和乡村文明程度为目标,以各种群众性创建活动为载体,以践行社会主义核心价值观为主要内容的教育实践活动,努力构建新时代文明和谐新风尚。大力促进村风文明,提高农民文明素质,着力培育文明乡风、良好家风、淳朴民风。二要持续抓好精神文明建设。运用群众喜闻乐见的形式,持续开展农村精神文明创建活动,推进新时代文明实践中心建设,打造群众精神家园;营造乡村和谐、友善、节俭、诚信的文明氛围,持续深化移风易俗工作。三要教育引导群众自觉养成良好的卫生习惯,让垃圾分类成为农村新时尚。因此,生态环境治理必须以生态价值观为指导,加强农村思想道德教育。思想道德素质的提高,在于正确的思想引导,制度的保障以及实践的培养。树立正确的生态价值观,有利于全民团结,有利于生态环境保护和治理工作的开展,有利于加快乡村建设的进程。

3. 树立绿色政绩观

要转变基层干部的治理理念,树立不以 GDP 论英雄的绿色政绩观;树立绿色发展理念,正确处理好经济发展与生态环境保护的关系,同时将绿色发展视为农村发展的基本取向。具体而言,一方面,可以从构建社会参与机制着手,主动接受公众监督。要积极推动环境信息公开透明。政府通过媒介如电视、报纸、公众号向民众公开相关的环境数据与信息，提升公众对政府环境治理工作的了解程度。另一方面，可以采取科学绩效考核的模式，对生态建设成效好的村庄，及时给予奖励，并作为干部考核晋升的重要依据；来调动基层干部治理的积极性和主动性。

（二）完善农村生态环境治理制度法规

1. 完善农村生态环境治理制度

第一，完善环境治理政策。根据相关法律法规，制定符合当地实际的农村水污染、农业面源污染、垃圾污染、乡镇企业污染等领域的政策意见，以完善农村环境防治的制度体系，填补基层农村环境治理条例不健全的状况。

第二，因地制宜，完善规划。规划是农村生态环境治理的迫切要求，合理的规划是农村生态环境治理的前提。根据调查得知，乡村的生态环境治理是一个复杂的工程，为了有效治理当地生态环境，应坚持先规划、后施工。在生态环境治理的规划过程中，要因地制宜，要根据每个乡村不同的地理位置进行布局，不能一刀切。在正确把握每个村个性的同时也要及时归纳它们之间的共性。一要凸显个性设计，结合各村地理区位、资源禀赋、产业发展、村民实际需要等，对村庄进行梳理分类，实施差异化指导，坚持个性化塑造，充分挖掘地方特色，营造田园风光与乡土风情。在交通干道附近的村落进行生态环境治理时，要注意避免废尘、噪声污染，也要充分利用交通的便利。如对沿河村落进行环境治理时，要注意河水的保护，也要利用好丰富的水资源。二要突出产业支撑。把环境改善与资源开发相结合，做大、做强、做优特色产业，以带动村集体经济发展，促进农民创业增收。三要在项目的投资建设方面，应对项目进行划定区分。对农村生态环境不造成破坏的建设项目，要给予极大支持；对农村生态环境破坏较小的项目，我们需要对其进行规范和引导，尽量减轻损害程度，还可以通过异地造林，实现我国生态环境的损补平衡。四要增强规划的实用性和可操作性，防止片面追求"高、大、上"现象的发生，推进规划落实到位。规划要深入实地调查，坚持问题导向，发动农民充分参与，做到符合村情村貌，满足村民需求，并与土地利用总体规划等规划相衔接；规划成果要通俗易懂、简单管用，主要项目要达到可直接实施的深度，并履行法定报批程序。

2. 建立健全农村生态环境法律法规

在农村环境治理过程面临诸多挑战的当下，尽快加强环保执法部门队伍建设、完善相关的法律法规以及加大执法力度，在治理过程中让一切程序有法可依，有据可循，才能真正实现建设美丽乡村生态环境的美好愿望。

第一，政府应加强环保执法人员队伍建设。一是增加环保执法人员数量。在乡镇的环境站，配备一至两名环境执法人员，负责对乡镇环境执法的监督。二是加强环境执法人员的法律素质教育，提高环境执法人员的政治素质，转变执法观念。三是从人治的概念到法治的概念，加强对新法规的学习，不断更新法律知识结构，提高执法水平。

第二，完善农村生态环保法律法规。在立法方面，针对当地的实际情况，应当根据不同的污染类型，污染程度，来完善各项法律条规，应该重点关注目前农村环境治理需要解决的突出问题，如如何规范现有的生猪养殖业，具体奖惩措施，如何有效控制乡镇企业造成的污染，制定什么样的措施才能有效遏制污染源等问题。

第三，坚持铁腕治污，推进生态环境司法联动。法律实施的关键在于不要让法律成为一纸空文，而要让法律能够被实施，能够有效地处理当前的环境问题。建立生态环境部门与公安局、检察院、法院信息共享、案情通报、案件移送等制度，联合开展"环保专项执法行动"等专项行动，推进生态环境公益诉讼和专门化审判。

(三) 建立健全农村生态环境治理体制机制

1. 要加强组织领导，强化激励考核机制

基于部分基层干部工作积极性不高，重建设、轻管理以及政策落实不到位的情况，要强化激励考核机制；提高他们的工作积极性。

第一，构建多元有效的激励机制。坚持严管和厚爱结合、激励和约束并重，切实提高农村干部待遇，落实工资补助标准。

第二，将乡村生态环境治理纳入督察范围，压紧压实责任。一是地方各级政府要把思想统一到科学发展上来，要充分认识农村环境保护的重要性，抓好环境治理的重点和难点，积极引导和鼓励相关的企业和组织对节能减排项目的投资和支持。二是各级政府要严格控制农村新建高耗能项目的审批，建立相应的项目审批问责制，确保农村生态环境的良好保护。将节能减排目标纳入地方政府的工作任务和干部考核体系中，对按期达到节能减排的政府予以表扬和鼓励，对不能按期达到减排目标的地方政府要予以批评和再教育。三是各级政府要强化督查考评，持续跟踪推动重点问题整改。出台生态环境保护及污染防治攻坚战考核办法，对各村落实生态环境保护目标及污染防治攻坚战实施情况进行考评，考评结果作为党政领导班子综合评价的重要依据，纳入相关单位的绩效考核内容。

2. 坚持环境治理工作常态化运行，实行长效监管机制

第一，抓好排污口排查整治工作。进一步加大溪流排污口排查整治力度，建立

监督管理工作机制，对有污水直排的及时跟进截污整改方案。

第二，抓好问题责任清单健全工作。建立健全溪流、垃圾、工农业等污染问题责任清单，进一步明确责任分工，限期落实问题整改。

第三，建立健全巡查台账及举报机制，形成职责明确、层层落实、执法有力的长效监管机制。要建立和完善节能减排监测体系，要充分调动全社会力量来加紧对污染环境的监督，发挥媒介的作用，对污染企业及时进行曝光，与此同时要加快淘汰农村落后产能，控制污染源头。

第三节 乡村振兴战略下的生态环境建设路径

一、生态住宅建设

（一）生态住宅

目前对生态住宅未有标准的定义，但国际上公认有三大标准，即以人为本，呵护健康舒适；资源的节约与再利用；与周围生态环境相协调与融合。在优秀的"生态住宅"设计中，应具有良好的室内空气条件和较强的生态气候调节能力，使人、建筑与生态环境之间形成一个良性循环系统。

乡村住宅，又称农村住宅或农舍。通常是指以自然村为单位的住宅区和经过科学规划的乡镇住宅区，它体现了自身久远的历史演进过程、地缘地貌特征、地域风貌以及住宅主人的生活习惯和生产方式等。当前一些农村地区生态环境遭到严重破坏，造成乡村住宅环境的持续恶化。这些促使人们意识到人居环境和生态环境密不可分，必须共同建设发展。生态住宅建设可以从6个方面进行：使用绿色的材料，采用结合当地风俗习惯和气候条件的住宅单体造型，利用可再生能源，采用立体绿化美化，利用处理水的循环发展生态经济庭院和发展生态庭院经济。

（二）村落环境

建筑与周围的环境是相对独立的个体，同时也是相互依存的联系体。住宅也是有生命的，一个没有环境的住宅是不可能持续发展和生存下去的。

村落环境在乡村生态住宅建设中具有重要意义，村落环境可为居民提供休闲娱乐、公共活动与交流的场所。其空间布局、环境质量、文化氛围都影响到居民的生活质量和心理健康，在建设中要注意强调村落的合理布局、保持乡村风貌、提高绿化率、规范道路交通等几个方面。

道路的设计是景观设计中较基础也是较容易被忽视的部分。乡村的景观设计应在保持生态自然面貌的前提下,提高道路设计的科学性。这样不仅可以使景观分布更加合理,也有益于生态建设。

一般的硬质道路对生态环境具有负面影响。道路数量的增加会影响其与周围环境的协调程度,造成景观分布破碎化,也会给原有的生态造成负担。为减少道路带来的消极影响,道路的建设应与周围环境协调发展,尽量避开珍稀植被和生态价值较高的地方。同时,路面设计应采用透气透水的材料,道路两旁要种绿化,根据道路等级和车流量,合理规划道路铺装方法。

二、发展乡村生态产业

(一) 生态农业

1. 生态农业的概念

"生态农业"的概念最早由美国土壤学学者威廉姆·奥尔布雷克特于1970年提出。目前我国生态农业的定义是,以保护和改善生态环境为目标,以现代科技和工程管理为基本手段,以生态学及经济学原理为理论基础,在传统农业技术经验建立的集约经营,生态效益的现代农业。

2. 生态农业的主要特征

(1) 持续性

生态农业的基本特征就是可持续性,所谓可持续性是指人类自身发展与自然生态环境能力的相互协调,体现在生态可持续、经济可持续、技术可持续和社会发展可持续等4个方面:①生态农业的生态可持续,可以使农业生产在现有农业资源的基础上,很好地与自然环境相适应,使自然资源得到可持续利用;②生态农业的经济可持续,可以使农、林、渔、牧、加工业等产业之间得到良好协调,从而提高生产效率;③生态农业的技术可持续,可以使农业生产出更多的有机产品,同时对自然环境没有造成危害;④生态农业的社会可持续,可以使人类粗放型的发展方式得到转变,提高食品安全,以人为本,实现人的全面发展。

(2) 高效化

生态农业的高效化主要表现在两个方面:一是经济效益,生态农业有着广阔的市场发展空间,有机产品具有明显的优质、高产、生态、安全的特征,随着"有机"消费者的不断增加,对有机农产品的需求也越来越大。二是社会效益,生态农业提倡的是一种绿色技术革命理念,改善农产品供给结构,满足农产品市场出现的结构性生产过剩问题，从而实现可持续发展。

(3) 集约化

"集约"二字主要体现在资本集约、技术集约、劳动集约三个方面，而恰好生态农业正好具备了这三种集约。生态农业的资本集约，主要体现在产业化经营，资本向农业生产流进；生态农业的技术集约，主要表现为改变农业生产要素，完善农业生产方法，提高生产效率和产业化经营管理水平；生态农业的劳动集约，最为明显地表现在中国丰富的劳动力资源，通过推进生态农业的生产经营，使得劳动者得到技术水平和劳动效率的提高。

3. 生态农业的发展模式

(1) 城镇近郊区生态农业发展模式

在大中型城市的近郊主要以培育多功能生态农业模式为主。多功能都市生态农业产业模式，就是围绕城镇居民物质、精神、文化生活的需要尤其是高品质生活的需要，来打造集精品优质农产品生产、集约农业、低碳农业、休闲农业、体验农业、农业文化产业为一体的，能提供多种产品和服务的生态农业模式。一是着重打造现代生态农业产业园区，如花卉业、特种优质农产品业及优质精品果蔬业应该成为都市生态农业的主导产业。二是注重多种产业功能的复合，如在城市郊区或者更远一些距离的乡村，发展起的无公害或有机农产品种养殖业要与采摘、休闲、农耕体验等相结合，形成复合型生态农业产业系统，以便满足都市人高质量生活的需求。将都市生态农业与赏花、品果、节庆展览、农耕体验、农业文化的传承相结合，来打造地域特色的都市生态农业品牌。

(2) 农产品主产区规模化生态农业发展模式

在传统的农产品主产区，尤其是农业生产基础条件较好的地区，来发展规模化、专业化、特色化及社会化生态农业运营模式。在这些地区，着重打造大宗农产品的无公害生产基地，如蔬菜基地、水果基地、棉花基地、优质粮食基地、禽蛋基地、奶源基地、淡水渔业基地等。要以两个助推力来着力促进农产品主产区规模化、多功能生态农业模式的良性发展。加快培育特色农产品生产基地。在农业基础条件优良、距离城镇较近、交通便利的地方，着手打造蔬菜、水果、畜禽等农副产品生产基地；在传统粮食主产区，着力培育规模化的高产、优质、无公害商品粮生产基地；在天然湖泊密集和水资源丰富的地区，着力打造规模化、集约化渔业生产基地等。

4. 农业基础条件较差地区生态农业的发展模式

农业生产基础条件相对较差的丘陵、山区、高原、干旱区等区域也往往是生态环境较为脆弱的经济区域，它较前两个区域在发展现代生态农业方面遇到的困难更大。如果依靠传统农业，大面积进行土地开垦、耕作，不但不能带来太多的经济收益，反而会严重破坏当地的生态系统平衡。但是这些地方往往蕴含着农业生产增值的巨大空间，往往有着大片有待开发的土地资源，远离城镇污染少，自然生态保持较好，优质特色农产品资源丰富，这些条件为发展适度规模化、无公害和有机农业奠定了基础条件。因此，可以发展优质绿色有机特色农产品、保健食品与生态旅游农业为主，建立无公害、绿色或有机的优质特色农产品生产基地。

（1）大力发展用材林、经济林果生态农业模式。在丘陵与山区，利用大片山地栽种用材林或经济林果。在适宜的地方，可以大量地种植苹果、梨、桃、柑橘、核桃、红枣、板栗等，并严格制定生产的标准，按照无公害的甚至有机的要求来安排生产全过程，建立特色无公害水果或坚果生产基地。

（2）发展各具特色的复合生态农业模式。在丘陵、山区，无公害林果业可以进一步向复合生态农业体系拓展。例如，可以依托林果产业，打造林果—散养禽蛋—野生食用菌农业产业链。林木之下，散养鸡鸭等，生产无公害禽蛋，禽类粪便经处理作为林、果树的有机肥源，辅之培育野生天然食用菌。也可以利用无污染的农地生态环境，种植适于本地区生长环境的地道药材，培育中药材产业链也是发展生态农业的有效路径。

（二）生态旅游

1. 乡村生态旅游概念

乡村生态旅游是在乡村旅游和生态旅游这两个概念的基础上发展出来的新型旅游形式。乡村生态旅游在国内的研究历史较短，学术界对乡村生态旅游的定义从不同角度出发，并在乡村生态旅游发展的出发点、活动内容、活动形式以及乡村生态旅游的功能和目标等方面达成一定的共识。即乡村生态旅游是基于生态理念所提出的一种乡村旅游活动，是以乡村为背景，以乡村景观为旅游资源，并对环境负责的旅游和观光行为，主要通过对环境的保护达到使当地的生态环境得以良性发展的目的。

从乡村生态旅游的定义中可以发现，乡村旅游、生态旅游和乡村生态旅游三者关系密切。乡村旅游与生态旅游存在相交部分，而这个体现两者共同点的相交部分，就是乡村生态旅游。由此可以将乡村生态旅游定义为：它是生态旅游发展理念与乡村旅游实践相结合的客观产物，是脆弱的乡村生态环境保护和乡村生态环境建设的客观要求。它以生态旅游理念为指导，以乡村为目的地，通过旅游的发展使乡村生态环境得到优化和提升。

2. 乡村生态旅游的意义

乡村生态旅游一方面强化了乡村旅游中的生态意识，使生态旅游真正在农村起到经济可持续发展的引导作用，这是其提出的核心内因；更为关键的是符合我国经济发展转变的形势，目前我国经济发展的导向已从原来的以经济高速发展为目的而忽略环境治理转向以可持续发展为目的的生态经济之路，因此乡村旅游要从原来追求经济效率为目的转向现在以经济和生态效益为一体的乡村生态旅游，从而获得良好的社会效益，进而实现经济价值、生态价值与社会价值的有机统一。

3. 构建合适的乡村生态旅游经营管理模式

乡村生态旅游是有别于传统大众旅游的一种特殊的旅游活动；加上各地资源、经济社会发展程度等各有不同，因此其经营管理也应有特殊的模式，使乡村生态旅游业得到科学有效的管理，促进旅游业持续、协调、健康的发展，取得良好的经济、社会和生态效益。

另外，发展乡村旅游、建设新农村，规划要先行。完善的旅游整体规划是乡村生态旅游可持续发展的一个必要条件。没有可行的规划方案，对旅游区一味盲目地开发，最终会导致景区生态环境遭到严重破坏，甚至无法修复。因此，在旅游区开发前，必须经过专家的科学考察，以维护当地生态系统平衡为前提，最大限度地提高游客满意度为目标，制定出切实可行的规划方案，促进当地经济社会的发展。

三、建设山水田园生态环境

（一）营建山、林、田景观

1. 恢复

对裸露地表及被人为破坏的土地进行人工修复，以形成农林生态系统。恢复过程中需要结合周边的环境加大绿化力度。对于田间地头的废弃沼泽地、荒坡地带，种植合适的乡土地被植物，可考虑与生态、经济、景观效益相结合。

对裸露的农田进行绿色覆盖，提高裸露农田绿化率，也可以通过覆盖其他设施，结合项目区规划，如完善培育初期围栏及排水系统等辅助基础设施建设，确保修复过程的持续管理，并营造农田别样景观。在平原地区，将乔木、灌木、树篱配置在林地边缘，也可以营造一个更为自然的外观。在一些丘陵地区，林地栽植可以利用现有山坡边缘或河渠堤岸，作为林地边界。林地栽植要与农田毗邻，利于保护农作物。

河道林地的恢复需要沿着河道栽种植物，岸边应保持 25m 左右的绿化延伸带。在岸边种植一些乔木，一方面可以加固河岸，另一方面可以确保地表植物的茁壮成长，使林地结构多变，创建多样性的河道景观。在河道两侧的林地宽度应富有变化，形成自然的景观，注意林地与河道的距离，应使水体被阳光充分照射到，以维护良好的水体资源。

2. 维护

维护原有田块间用以分界并蓄水的线性景观，包含田埂、绿篱、作物边界带等景观要素。田埂应保持一定的宽度、比例、形状和连通性。丘陵地带，可采用砌石及设置绿篱措施防止水土流失。修建梯田除因地坎特陡、特长或特短不适宜建造防护林而选择种植防护草外，应营造梯田田坎防护植物篱，以乡土耐旱根深植物为好。结合田埂形状和种植作物，合理营造田埂植被景观。适当种植蚕豆、波斯菊、油葵等相对较低的植物。较宽地带可结合坡地起伏和路边、村边等地带，配置乡土植物和野生景观物种，营造起伏多变的田园景观。

3. 提升

在主要突出农田防护的主导功能的前提下，与发展农村经济和形成多样化的田园风光相结合，对山、田景观进行生态提升。

在农田的迎风面种植树篱，形成长方形或方形的网格，依托主要道路、水系、沟渠、林地，营造许多纵横交错的林网，起到对农田景观的全面保护作用。这些防护林宜用马尾松、黑松、杉木、湿地松、相思树等。种植结构要多样化，在果园或草地围栏、设施农业周围、菜田、道路两旁，可以种植观赏性植物篱，以增加景观多样性的视觉效果。

村庄或乡镇周边区域，树种应选择与当地景观联系在一起、根系发达、抗风能力强的乡土景观特色的树木，使景观趋于多样化。濒临道路的防护林，要求乔木树种形体通直，树形适合观赏。沟渠河道两侧，注意选择耐水性强的树种。

4. 生态林

乡村生态林是指为了保护良好的生态环境而特意保留或种植的树林，一方面可以维护乡村的生态环境，另一方面可以作为乡村林地景观。对于村落周边的生态林，可纳入美丽乡村建设的内容，作为迎宾林、风景林，形成一定特色的乡村绿化景观。

另外，也要重视这些生态林的保护，对具有人文价值、景观价值的古树、名木要进行保护等级划分，统一挂牌、编号。要有专门的负责机构和个人对这些树木进行监护、浇水、管理。另外，通过大力宣传，倡导"保护生态林木，人人有责"增强全体村民的保护意识。

（二）构筑水体生态景观

1. 整理

乡村的水资源相对比较丰富，主要包括河道、沟渠池塘、水库和湿地等，具有重要的生态、生产、景观、美学及社会功能。水体生态景观建设要按照生态和人工防护工程相结合的原则，尽量建设生态景观缓冲带。而滨水缓冲带建设是乡村景观建设非常重要的部分，是最富有活力的生态与景观区域，可以丰富乡村景观的观赏价值，为乡村提供良好的景观开放空间，成为乡村中最具魅力和特色的景区。

乡村水资源景观建设要保持原有的河流形态和生态系统，尽可能减少人为改造，保持其天然特性。人为增加的设计要满足河道流通、堤防安全的需求，结合河道特性来确定河面设计、缓冲带建设和绿化植物配置。另外，提倡使用生态护坡，根据水位变化范围，选择不同区域和部位种植湿生植物，尽量采用天然的材料，避免二次污染；防护坡建设规划应考虑到村民的亲水需求，同时不能遗失水域原有的文化。水源曾是决定人类迁徙和发展的主要因素，因此水域对地区生态有特殊的含义。乡村生态景观建设要结合当地文化特性，保留历史和地方文化的内涵，让景观和文化共生。

2. 恢复

（1）河道沟渠生态景观。河道绿化以及河道构筑设施应充分考虑防汛和村民亲水的需求。对于不稳定的河床基础，以大石块和混凝土进行护底固槽，把砂石和石砾作为底下回填。注意在河道沟渠的特殊地段保留小池塘，保护生物栖息地和景观多样性。

应尽量保留和利用基地内原有的河流地貌，以水源涵养林和防护林为主，护岸坡一般设为1：1.5以下。植物选择适应水陆坡度的变化。可根据水体生态修复的需求开展。适当布置浮水、沉水、浮叶植物的种植床、槽或生物浮岛等，避免植物体自由扩散。在设计上要优先考虑设计的生态性，设计规划要贯彻生态优先的原则，保护生物多样性，保留自然自我修复的能力。

岸坡的绿化应选择耐淹能力较强的植物种类，水位变动部分应选择挺水植物和湿生植物，以减缓水流对岸基的冲刷。水位变动区之上的部分，应种植养护成本低、固坡能力强的植物。

(2) 农田湿地生态景观。水田是面积较大的人工湿地,与河道水渠、山林共同构成了生物多样性的栖息场所,因此,以乡村水田为中心的湿地保护及生态修复也非常必要。

(3) 生态水塘的保护。生态水塘一般位于村庄的中心地位,形状有方形、圆形、半月形、不规则形等。水塘对村庄生活用水、调节村庄局部湿度、观赏性亲水景观都有重要意义,应采取必要的措施保护其不受污染。

四、加强乡村人居生态环境保护

(一) 保护并延续乡村生态景观的特色

乡村的自然环境要素有地形、地貌、土壤、大气、水系、湖泊、河流、湿地、古树、草甸等,这些要素构成了不同地域特色的乡村生态景观类型,并且对维系乡村的生态平衡具有重要的意义。我国国土面积广阔,地形地貌也十分丰富,因此乡村生态景观类型丰富,主要有平原生态景观类型、山地生态景观类型和滨水生态景观类型。在乡村景观规划建设中,要充分考虑这些地域特征的景观特色,并保持和延续这些地域特色的景观。

(二) 乡村生态环境景观保护对策

1. 加大环保宣传,增强环保意识

当地村民和游客既是乡村生态环境的最大受益者,也是保护工作的主力军。充分利用各种媒体,开展多层次、多形式的舆论宣传和科普宣传,通过加强指导、培训、宣传教育,积极引导游人、村民从自身做起,自觉培养环境忧患意识、增强环保理念、参加环保实践,这是乡村旅游中生态环境保护工作开展的基础。

2. 进行环境评价和监测,制定法规保护生态环境

通过制定生态环境保护法规来规范乡村旅游开发规划,并且对开发前期的生态环境影响进行科学的评价,对开发、经营过程进行持续的环境监测;对旅游区的地质环境、生物种群和涉及环境质量的各类因素进行认真的调查分析。这是预防资源和环境遭到破坏和旅游开发取得成功的重要保障措施。另外还要通过制定相关的生态环境法规来规范乡村生态环境保护的内容、措施,对任何形式的损害生态环境的开发都要给予相应的处罚。

3. 加快生态保护设施建设

生态设施主要包括雨洪管理系统、污水处理系统和能源利用系统。与城市相

比，乡村有自己的生态优势，只需要适当加强雨洪管理系统即可。在实施上可以将屋顶的雨水、路面的雨水和硬化地面上的雨水就近排放至滞留塘、菜地和绿地里，将原有的土沟改造为生态沟渠，连接滞留塘和农田排水沟。污水处理优先选择建设生态污水处理设施。乡村还可建设生物沼气站，充分利用生物能源。

第四章　乡村群众文化建设

第一节　群众文化与乡村群众文化的内涵及特征

一、群众文化与乡村群众文化的内涵

(一) 群众文化的内涵

群众文化从文化现象层面讲，是人民群众以自身为活动主体，以文学艺术为主要内容，以满足自身精神文化生活需要为目的的社会历史现象，是人民群众在闲暇时间，按美的规律，自我参与、自我娱乐、自我开发的社会性文化；从文化建设层面讲，群众文化是我国一种独特的社会文化现象，是中国特色社会主义文化的重要组成部分，是群众的文化生活形态、群众文化活动、群众文化工作以及与之相适应的制度、组织、机构、设施等各要素的集合体，群众文化具备的几个关键要素包括：其一，从时间上而言，群众文化有时间上的限定，即群众文化是人们职业之外的文化活动；其二，群众文化是以群众这一多数人为活动主体的，即大多数人共同参与和认同的才算是群众文化；其三，群众文化是以满足群众精神生活需要为目的产生的，主要体现为娱乐和社会支持的需要；其四，群众文化是一种非职业性的自我创造、自我参与、自我娱乐、自我开发的一种群体性的、社会性文化；其五，群众文化这一自发文化逐渐加入了政府主导因素，最终体现为一种被国家和社会所需要的公共文化；其六，群众文化涵盖的内容非常广泛，包括人民群众业余的一切文化活动，但从群众文化事业的角度划分的话，主要体现为文学艺术方面。根据群众的实际文化活动内容，群众文化内容应与国家的公共文化服务体系内容相一致。

(二) 乡村群众文化的内涵

乡村群众文化是指生活在乡村的居民在职业之外，由群体经常参与和认同，由政府引导，公众自我创造、自我参与、自我娱乐、自我开发以达到娱乐身心、获得社会支持的一种群体性、社会性的公共文化。相对于群众文化，乡村群众文化体现

出独特的乡土地域特点，对乡村居民的生活及乡村的社会经济发展都有重要的作用和价值。乡村群众文化所包含的内容要大于乡村群众文化事业的内容，即不仅限于文化艺术范畴，更应该与乡村公共文化服务体系的内容趋于一致。

二、群众文化及乡村群众文化的特征

（一）群众文化的基本特征

1. 非职业性

群众文化是人民群众工作之余的文化休闲活动，体现出非职业性的特点，这种非职业性的特点表现为文化活动的主体是非正式、非强制、非商业性的，人们以自愿的方式聚集在一起参与某些大家认同的文化休闲活动以达到娱乐身心的目的。需要注意的一点是，虽然群众文化是非职业性的，但不代表群众文化是非专业性的，因为某些具有艺术特长的群众通过成立协会的方式开展的群众文化活动是具有专业性的，甚至通过群众自发组织的文化活动可以有效传承中华民族的优秀传统文化和技艺，比如傩舞、越剧、弋阳腔等都是人民群众自发传承的优秀文化和技艺。

2. 群众性

无须赘言，群众文化必然具有群众性的特征，即某种文化必须被广大群众接受和认可才能称之为群众文化。群众性是相对于个体而言的，即那些受众少，只在极少部分人之间交流的文化不属于群众文化。当然，群众是一个相当宽泛的概念，我们还可以将群众进行分割，再细分出更小群体的群众文化，即城市群众文化、乡村群众文化、老年群体的群众文化、青年群体的群众文化、青少年群体的群众文化等等，不同群体内部的群众文化会有其各自的特征。群众性也体现为群众文化的产生路径是来自群体之间的互动和认同，是群众自我生成和创造的一种文化。

3. 社会性

由于群众文化是群体性文化，是人与人在互动过程中产生的文化，因此群众文化必然具有社会属性。群众文化的社会性决定了群众文化对社会经济的发展具有不可避免的影响力和价值，好的群众文化可以促进经济社会的发展，不好的群众文化则会阻碍经济社会的发展。群众文化的社会性要求政府努力满足群众的基本文化需求，鼓励社会及群众积极开展有益身心健康的群众文化活动，并且对群众文化活动进行良性的引导和管理。

4. 自娱性

不同于学校教育的专业学科文化或者工作时需要的专业文化，群众文化是以满足人民群众自我娱乐为目的的文化,没有实用性和功利性的价值追求,因此具有很大的生机和活力,并且体现出很强的创新性的特点。

5. 传承性与时代性

相对于许多专业的知识,群众文化具有天然的传承性优点,群众文化可以通过天然的代际传递的方式得以延续。同时,由于群众文化是根植于群众生活之中的文化,具有很强的草根性和生命力,因此很容易得以延续和传承。但需要注意的是,许多群众文化也会随着时代的变迁而出现衰落和淘汰的现象,因为随着时代环境的改变,一些传统群众文化不再能够满足群众休闲娱乐的需求,所以逐渐淡出人们的生活和视野。因此,群众文化也体现出了非常明显的时代性特点,即每一个时代都有其独特的群众文化,这种群众文化是与当时的经济社会生活习惯等相协调的。

6. 倾向性和可诱导性

群众文化的主体是由有主观能动性的个体组成的,因此他们对文化艺术等文化活动的喜好是具有倾向性的,而这种倾向性也是对人们价值观念的一个侧面反映。群众文化的这种倾向性会形成群体的文化环境,对群体成员带来影响,从而影响成员个人的三观和文化休闲喜好,也会间接影响经济社会的发展。同时,群众文化的这种倾向性是可以进行诱导的,通过积极的引导和激励,群体文化活动的倾向性可以发生转变,比如通过开展厨艺大赛、广场舞比赛、摄影大赛等活动,可以激励人民群众锻炼厨艺、参与跳舞和摄影,逐渐改变群众文化活动的倾向性。正因为群众文化具有倾向性和可诱导性,所以,政府部门需要在提供公共文化服务的同时对群众文化活动多加引导,增强群众文化对经济社会发展的影响力。

(二)乡村群众文化的独有特征

乡村群众文化作为群众文化的一个分支,具备群众文化的所有基本特征,除此之外还有其独有的特征。

1. 地域性

相对于群众文化,乡村群众文化除了具备上述特征之外,还体现出了明显的地域性特征,即乡村群众文化是以乡土文化为根基所衍生出来的一种文化,相对于城市,具有浓厚的乡土特点,并且不同的乡村其乡土特点也各有不同。因此,乡村群众文化相比城市群众文化有更深的传统文化根基,同时也更有草根性、群众性和多样性的特征。

2. 通俗性

由于乡村群众的文化大多基于生活中打发时间的需要,在艺术追求和教育培训方面的需求较弱，群众文化内容相对而言更为通俗。但相对于城市而言，乡村的群众文化又有许多自创性的特点，比如舞龙灯、串堂班等都是源于生活的一种自创文化。

第二节 乡村群众文化之于乡村振兴的重要功能

要繁荣兴盛农村文化，焕发乡风文明新气象，乡村振兴、乡风文明是保障，必须坚持物质文明和精神文明一起抓，提升农民精神风貌，培育文明乡风、良好家风、淳朴民风，不断提高乡村社会文明程度。乡村群众文化作为乡村文化的重要组成部分，对于乡村振兴具有非常重要的功能。

一、发展乡村群众文化能够提升乡村群众生活质量

乡村群众文化的发展能够有效满足乡村居民对精神文化的迫切需求，满足农民娱乐休闲、审美愉悦、创新创造、寻求社会支持、享受生活等需要，能够有效改善居民的休闲娱乐方式，最终实现乡村振兴的终极目的，即满足农民群众对美好生活的向往，让农民群众在乡村也能过上丰富多彩的幸福生活。

二、发展乡村群众文化有利于加强农村思想道德建设

在中国长期的城镇化进程中，随着农村传统的乡绅治理模式的解体，传统的礼俗文化逐渐失去了对农民的约束力。因此，发展一些健康的乡村群众文化能够有效地弥补传统礼俗文化衰微所带来的空白，有效引导农民群众树立健康的世界观、价值观和人生观，提升他们的道德认知水平。同时，由于群众文化活动是一种群体性活动，增加了群体间的舆论监督张力，能够有效提升群体对个人行为的约束力，因此，发展积极健康的乡村群众文化可以有效地加强农村思想道德建设。具体说来，可以以发展乡村群众文化为载体，将社会主义核心价值观、爱国主义、道德建设、诚信建设、责任意识、规则意识等内容发扬光大，从而达到加强农村思想道德建设的目的。

三、发展乡村群众文化有利于传承农村优秀传统文化

在乡村振兴的过程中，只有保留了传统文化的乡村才具有乡村真正的魅力和灵魂，这样建设起来的乡村是望得见乡愁的新农村，才是农民群众想要的乡村振兴。农耕文明是中国优秀传统文化的摇篮，农耕文明中所包含的依时令而劳作的人与自

然和谐相处的思想、依节气而举办的民俗活动、制作的美食、传统村落建筑、孝道文化、丰富多彩的民俗技艺等都是农村的优秀传统文化。随着农村的不断空心化，农村许多的优秀传统文化逐渐流失，急需一种有效的方式对其进行传承和发扬。乡村群众文化作为农民群众生活中不可分割的一部分，如果能够将农村优秀的传统文化融入农民群众的日常文化活动中去，那么许多优秀的传统文化和技艺就能够得到有效的传承。具体说来，在发展乡村群众文化的过程中，通过将优秀的传统文化以创新的方式融入农民群众的文化活动中去，就能够赋予传统文化以生机，在农民群众的日常生活中得以传承。比如，在广场舞日益火热的今天，可以将传统的曲艺进行改变，变成广场舞舞曲，这样就能够有效地将之传承。

四、发展乡村群众文化有利于乡村的和谐治理

乡村的振兴离不开乡村的有效治理，国家目前提倡农村开展以自治为主、法治与德治相结合的治理模式。这一治理模式需要农民群众自身有较高的综合素质、比较和谐的人际关系、较高的道德文化素养以及基本的法律法规知识，要使农民群众具备这些素养，发展乡村群众文化无疑是一个非常有效的载体和手段。首先，乡村群众文化活动可以有效地拉近群众之间的距离，甚至能够将分散的农民个体进行有效的组织，从而营造一个和谐的农村社会环境。其次，发展乡村群众文化能够提升农民群众生活中的仪式感，从而提升农民群众的敬畏意识，尤其是通过文化演出活动来提升农民群众对法律法规、民主自治、道德等的敬畏感，从而促进农村的有效治理。再次，通过将社会主义核心价值观、道德法规等知识融入乡村群众文化活动中去，能够有效提升农民群众的综合文化素质，从而提升他们当家做主的能力和主人翁意识。最后，积极健康的乡村群众文化活动本身具有一种积极向上的感化力量，能够让农民群众树立积极健康的生活观、价值观，有利于他们朝着更好的方向去生活和工作。同时，有了积极健康的乡村群众文化活动，使得农民群众有了很好的压力和情绪释放的地方，间接改善农村的治理环境，从而促进农村的有效治理。

五、发展乡村群众文化有利于推动乡村经济发展

发展乡村群众文化能够从多个方面促进乡村经济发展。

第一，发展乡村群众文化有利于提升农民群众的综合文化素养，不仅能提升他们勤劳致富的能力，更能增强他们勤劳致富的自信和志气，从而从根本上推动农村经济的快速发展。

第二,发展乡村群众文化能够营造乡风文明良好氛围,传承优秀的传统文化,促进乡村旅游蓬勃发展,从而促进乡村经济的快速发展。

第三,发展乡村群众文化能够促进乡村的和谐治理,有利于乡村公共基础设施的发展和外来项目的落地,从而间接促进乡村经济的快速发展。

第四,发展乡村群众文化能够繁荣乡村的文化市场,促进农民群体的文化消费,带动文化产业的蓬勃发展。

第三节 乡村群众文化阵地建设的内涵及新时代要求

一、乡村公共文化服务和乡村群众文化阵地建设

要科学把握乡村群众文化阵地建设的内涵,开展好新时代的乡村文化阵地建设,首先需要理清群众文化事业与公共文化服务的关系以及乡村群众文化阵地建设与群众文化事业、公共文化服务之间的关系。

(一)群众文化事业与公共文化服务体系

群众文化事业是指群众文化活动,以及为开展群众文化工作,组织、辅导和研究群众文化活动而设置的组织机构和文化设施,它是开展群众文化工作和群众文化活动的物质条件和组织保证。公共文化服务是指由公共部门或准公共部门共同生产和提供的,以满足社会成员基本文化需求为目的,着眼于全体公众的文化素质和文化生活水平,既给公众提供基本的精神文化享受,也维持社会生存与发展所必需的文化环境与条件的公共产品和服务行为的总称。公共文化服务体系主要包括群众文化事业、公共图书馆事业、博物馆事业、美术馆事业、综合文化服务中心等诸多系统,从内容上来说,群众文化事业属于公共文化服务体系,内容主要集中在满足人民群众的文化艺术需求。国家发展群众文化事业,主要通过设立群众艺术馆、文化馆(站)等文化服务机构来满足人民群众对文化艺术生活的基本需求。因此,群众文化事业并不能满足群众对文化的所有需求,只有公共文化服务体系才能满足群众对文化的全方面需求。

(二)乡村群众文化事业、乡村公共文化服务体系与乡村群众文化阵地建设

乡村群众文化事业是指群众文化事业中面向乡村的部分,具体到乡村群众文化

工作层面，即在乡镇街道设立综合性文化站，在乡村设立文化书屋，组织艺术骨干培训、传授传统文化技艺，组织送戏下乡、送电影下乡等系列乡村文化艺术活动。从所涉及的内容上来看，乡村群众文化事业并不能满足乡村所有的群众文化需求，如农民群众对教育培训、体育休闲等的文化需求。因此，乡村群众文化事业作为乡村公共文化服务体系的一个子系统，并不等于乡村群众文化阵地建设。

乡村公共文化服务体系是指公共文化服务体系面向农村的部分，具体到实际工作层面包括乡镇综合文化站、村（社区）综合文化服务中心、农家书屋等的建设和管理工作，还包括完善基层公共服务基础设施，组织开展农民群众文化活动，鼓励农民群众、企业、社会积极举办群众文化活动等。从乡村公共文化服务体系所涵盖的内容上来看，其与乡村群众文化阵地建设的内容较为一致，是乡村群众文化阵地建设的核心内容部分。

目前，关于乡村群众文化阵地建设的内涵，学界研究的较少，鲜有研究者就乡村群众文化阵地建设的内涵做出详细的论述。大部分研究者习惯将乡村群众文化阵地建设理解为乡村群众文化的场所和设施建设，即乡镇综合文化站建设、乡村的公共文化活动场地和设施建设等。但如果只是把乡村群众文化阵地建设简单地理解为场地和设施建设，而忽略了农民群众对文化活动需求这一核心原则，忽略了乡村群众文化的复杂性，那么乡村群众文化阵地建设就会变成重建轻管、背离群众需求的形式主义工作。因此，乡村群众文化阵地建设要以政府投入的公共文化服务体系为主，以尊重、发展和满足乡村群众文化需求为目的，充分发挥农民群众自办文化、社会企业民营文化等包括思想政治引领、培育时代精神、完善组织机构、搭建人才队伍、完善制度机制、传承优秀文化、完善场地（场所）设施、确保建设成效等方面在内的系统性建设工程。在这一过程中不仅要综合考虑乡村群众文化建设涉及的诸多要素，还要积极发挥好政府、社会以及农民群众之间的良性互动，最关键的是要使农民群众的文化休闲活动既能满足农民群众自身对美好幸福生活的向往，又能实现国家对促进社会主义文化事业繁荣发展、乡村和谐治理以及乡村振兴等目标。

二、乡村群众文化阵地建设的新要求

乡村公共文化的建设可以满足农民日益增长的文化生活需求，积极培育农民之间的新集体主义意识和互助合作精神，增强农村社区内聚力。正因为乡村公共文化的建设有其重要价值，随着时代的更迭，新时代的中国对乡村群众文化阵地建设也提出了新要求，正如马克思曾说："随着经济基础的变更，全部庞大的上层建筑也或慢或快地发生变革。"

（一）以传承发扬中华优秀传统文化为核心

坚持辩证唯物主义和历史唯物主义，秉持客观、科学、礼敬的态度，取其精华、去其糟粕，扬弃继承、转化创新，不复古泥古，不简单否定，不断赋予中华优秀传统文化新的时代内涵和现代表达形式，不断补充、拓展、完善，使中华民族最基本的文化基因与当代文化相适应、与现代社会相协调。

（二）积极培育和践行社会主义核心价值观

积极培育和践行社会主义核心价值观，坚持教育引导、实践养成、制度保障三管齐下，推动社会主义核心价值观落细落小落实，融入文明公约、村规民约、家规家训。各乡村通过新时代文明实践中心、农民夜校等渠道，组织农民群众学习习近平新时代中国特色社会主义思想，广泛开展中国特色社会主义和实现中华民族伟大复兴的中国梦宣传教育，用中国特色社会主义文化、社会主义思想道德牢牢占领农村思想文化阵地；完善乡村信用体系，增强农民群众诚信意识；推动农村学雷锋志愿服务制度化、常态化；加强农村未成年人思想道德建设。

（三）实施乡风文明培育行动

我国拟通过乡村群众文化阵地建设，弘扬崇德向善、扶危济困、扶弱助残等传统美德，培育淳朴民风；开展好家风建设，传承传播优良家训；加强村规民约建设，强化党组织领导和把关，实现村规民约行政村全覆盖；依靠群众因地制宜制定村规民约，提倡把喜事新办、丧事简办、弘扬孝道、尊老爱幼、扶残助残、和谐敦睦等内容纳入村规民约；以法律法规为依据，规范完善村规民约，确保制定过程、条文内容合法合规，防止一部分人侵害另一部分人的权益；建立健全村规民约监督和奖惩机制，注重运用舆论和道德力量促进村规民约有效实施，对违背村规民约的，在符合法律法规前提下运用自治组织的方式进行合情合理的规劝、约束；发挥红白理事会等组织作用，鼓励地方对农村党员干部等行使公权力的人员，建立婚丧事宜报备制度，加强纪律约束。

（四）发挥道德模范引领作用

深入实施公民道德建设工程，加强社会公德、职业道德、家庭美德和个人品德教育。大力开展文明村镇、农村文明家庭、星级文明户、五好家庭等创建活动，广泛开展农村道德模范、最美邻里、身边好人、新时代好少年、寻找最美家庭等评选活动，开展乡风评议，弘扬道德新风。

（五）加强农村文化引领

加强基层文化产品供给、文化阵地建设、文化活动开展和文化人才培养。传承发展农村优秀传统文化，加强传统村落保护。结合传统节日、民间特色节庆、农民丰收节等，因地制宜广泛开展乡村文化体育活动。加快乡村文化资源数字化，让农民共享城乡优质文化资源。挖掘文化内涵，培育乡村特色文化产业，助推乡村旅游高质量发展。加强农村演出市场管理，营造健康向上的文化环境。

（六）做好乡村群众文化数字化工作

当今世界是信息化时代，我们已经步入了5G时代，因此乡村群众文化阵地建设工作要与时代紧密结合，引入数字化的工作思维和方式，完善乡村群众文化工作的数字化设备建设，引导人民群众通过数字化渠道满足自身的精神文化需求。通过完善群众文化活动的数字平台（如完善网上图书馆、电子阅览室等），可以有效缩短城乡差距，丰富农民群众文化休闲娱乐方式，提升农民群众文化休闲生活品质。

第五章 现代农业与农业经济管理基础

第一节 现代农业的内涵

现代农业是继原始农业、传统农业之后的一个农业发展新阶段，是传统农业质变后的新型农业，强调农业发展方式的转变，其本质就是用现代物质条件装备农业、用现代科学技术改造农业、用现代产业体系提升农业、用现代经营手段推进农业、用培养新型农民发展农业。在新的历史背景下，建设现代农业的过程是改造传统农业、不断发展农村生产力的过程；是转变农业增长方式、促进农业又好又快发展的过程。现代农业的核心是科学化，特征是商品化，方向是集约化，目标是产业化。相比传统农业，现代农业更注重的是综合效益，其蕴藏着极大的就业增收潜力。加快发展现代农业，既是转变经济发展方式的重要内容，也是提高农业综合生产能力、增加农民收入、建设社会主义新农村的必然要求。国外经验表明，在工业化、城镇化快速推进时期，农业面临着容易被忽视或削弱的风险，必须加倍重视农业现代化与工业化、城镇化的同步推进和协调发展。

一、现代农业的内涵界定

现代农业是相对于传统农业而言的，它是工业化发展到一定阶段的必然产物。具体说来，现代农业是指以保障农产品供给、农民持续增收、促进可持续发展为目标，以用现代物质条件装备，用现代科学技术改造，用现代产业体系提升，用现代经营形式推进，用现代发展理念引领的农业产业形态。

现代农业以培养新型农民发展农业为支撑，以提高农业水利化、机械化和信息化水平，提高土地产出率、资源利用率和农业劳动生产率，提高农业效益和竞争力为途径，以在家庭承包经营基础上，在市场机制与政府调控的综合作用下，农工贸紧密衔接，产销融为一体。现代农业是一个发展过程，是改造传统农业、不断发展农村生产力的过程，是转变农业增长方式、促进农业又好又快发展的过程。发展现代农业，就是以资本、物质和技术等先进要素为基础，对传统农业进行改造，以工业的生产手段装备农业，以先进的科学技术提升农业，以社会化的服务体系支持农业，以科学的经营理念管理农业，最大限度地实现农业增长方式的转变。

不同的国家和不同历史时期，现代农业的内涵不尽相同。但现代农业有几个标准为大家认同：科技对农业的贡献率在80%以上，农产品商品率平均95%以上，农业投入占当年农业总产值的比重在40%以上，农业劳动力占全国劳动力总数的比重低于20%。另外，也有人认为"每个农业劳动力来自农业的收入至少能养活10人"也应划入标准之列。

二、传统农业与现代农业

传统农业以小生产为特征，规模小，商品率低，科技含量低，也就是人们常说的"小农经济"。美国著名农业经济学家舒尔茨认为："传统农业是一种完全以农民世代使用的各种生产要素为基础的农业。"传统农业应该作为一种特殊类型的经济均衡状态，传统农业所代表的特殊经济均衡状态是以再生产性生产要素的技术状况、收入来源需求基础的偏好和动机状况以及在一定时期内这两种状况保持不变为基础的。现代农业显然是农民获得并学会使用新生产要素的结果。

现代农业是以资本高投入为基础，以工业化生产手段和先进科学技术为支撑，有社会化的服务体系相配套，用科学的经营理念来管理的农业形态。与传统农业相比，现代农业可谓有了"脱胎换骨"的变化，现代农业是广泛应用现代科学技术、现代工业提供的生产资料和现代科学管理方法的社会化农业，现代农业反映的是与较高生产力水平相对应的农业经济状态。传统农业与现代农业的本质区别就在于，它们各自由不同的生产要素组成不同水平的生产力系统。传统农业是一种封闭式、自给性、落后型的低水平农业生产力系统，而现代农业是一种开放式、交换性、先进型的高水平农业生产力系统。

三、现代农业建设的内容

从宏观层面看，我国已进入工业化、城镇化、市场化、国际化的快速发展阶段，农业和农村面临着国际和国内两个市场以及市场化、国际化重大而深刻的转变，处在传统农业加快向现代农业过渡、传统农业社会加快向现代社会过渡的转型阶段。主要表现在：产业结构由以种养业为主向种养结合，加工、销售、服务等产业共同发展转变；生产手段由以手工劳动为主向机械化作业和高新技术应用转变；生产经营方式由以传统小农户分散经营为主向产业化生产、市场化经营、社会化服务转变；劳动力就业由集中在农业生产环节向产前、产中、产后和非农产业等多领域转变；农民收入由单纯依靠种养业收入向务农、务工、经商等多元收入转变；农业市场由以国内市场为主，向国际、国内两个市场转变。这些转变，都将深刻地影响现代农业的建设。结合我国国情与目前农业发展实际，运用科学发展观指导现代农业建设实践，我国新时代现代农业建设的主要内容集中表现在以下六个方面。

（一）加大对"三农"的投入力度，建立现代农业建设的投入保障机制

增加农业投入，是建设现代农业、强化农业基础的迫切需要。必须不断开拓新的农业投入渠道，逐步形成农民积极筹资投劳、政府持续加大投入、社会力量广泛参与的多元化投入机制。

（二）培养新型农民，造就建设现代农业的人才队伍

建设现代农业，最终要靠有文化、懂技术、会经营的新型农民。必须充分发挥农村的人力资源优势，大幅度增加人力资源开发的投入力度，全面提高农村劳动者素质，为推进新农村建设提供强大的人才智力支持。

（三）开发农业多种功能，健全发展现代农业的产业体系

促进粮食稳定发展，发展健康养殖业，大力发展特色农业，扶持农业产业化龙头企业的发展，推进生物产业的发展。

（四）加快农业基础建设，提高现代农业的设施装备水平

大力抓好农田水利建设，切实提高耕地质量，加快发展农村清洁能源，加大乡村基础建设力度，发展新型农用工业，提高农业可持续发展能力。

（五）推进农业科技创新，强化建设现代农业的科技支撑

加强农业科技创新体系建设，推进农业科技进村入户，大力推广资源节约型农业技术，积极发展农业机械化，加快农业信息化建设。

（六）健全农村市场体系，发展适应现代农业要求的物流产业

发达的物流产业和完善的市场体系是现代农业的重要保障。必须强化农村流通基础设施建设，开发现代流通方式和新型流通业态，培育多元化、多层次的市场流通主体，构建开放统一、竞争有序的市场体系，大力加强现代农业的市场体系建设。建设农产品流通设施和发展新型流通业态，加强农产品质量安全监管和市场服务，加强农产品进出口调控，积极发展多元化流通主体。

第二节 农业在国民经济中的地位和作用

一、农业是国民经济的基础

农业是国民经济的重要组成部分，是社会经济中的一个最古老的经济部门，在国民经济中处于重要的基础地位。

农业是人类赖以生存和发展的基础，农业是人们的衣食之源，生存之本。直到目前，维持人类生理机能所必需的糖类、蛋白质、脂肪和维生素等基本营养物质只能靠农产品。农业以动植物为劳动对象，利用农作物的光合作用吸收太阳能和自然界中的无机物质来生产谷物、豆类、油料、蔬菜、水果、棉花等植物性产品，再利用动物的消化合成功能将植物性饲料转化为肉、蛋、奶、皮、毛等动物性产品，解决了人们的吃饭、穿衣问题。尽管现代科学技术发展迅速，但是用无机物人工合成食物以满足人类需要，仍是十分遥远的事情。化学工业的发展使得合成纤维，合成革产量、质量都有很大提高，但无论在世界任何地方、任何时候，这些化学合成制品都未能完全取代棉、麻、毛、丝等天然纤维和天然皮革。

农业是其他物质生产部门独立和发展的基础。农业曾经是人类社会的唯一生产部门，随着农业生产力的提高，人们生产的农产品在满足农业劳动者自身需要后出现了剩余，手工业逐渐从农业部门中分离出来成为独立的生产部门。随着农业和手工业的进一步发展和分离，商品交换范围和规模不断扩大，从而导致商业也形成独立的经济部门。随着社会分工的不断扩大，新的生产部门不断形成并独立出来。但是人类社会分工的任何发展，还是依赖农业生产力的提高和剩余农产品的增加。

农业生产发展不仅为其他产业提供了工业原料，而且还提供了充足的劳动力。农业生产力的高低，农业所能提供剩余产品的多少，在很大程度上决定了非农产业部门的发展速度。

农业是非物质生产部门存在和发展的基础，国民经济是由生产部门、流通部门和其他非物质生产部门构成的总体。随着人们生活水平的提高，对精神文化的追求也逐渐增长。与非农产业部门一样，这些非物质生产的社会部门的存在也离不开农业的发展。只有农业剩余产品不断增加，才能使越来越多的人不仅能够脱离农业，而且能够脱离物质生产部门，从而使科学、文化、教育、卫生和其他公共部门得以独立出来并获得进一步的发展。正如马克思所说："社会用来生产小麦和牲畜等所需要的时间愈少，用来进行其他生产——物质和精神的生产时间就愈多。"

二、农业在国民经济中的作用

一般来讲，农业的发展水平不仅是农业部门发展水平的重要标志，也是整个国民经济发展水平的重要标志，因为它在国民经济发展的过程中发挥着重要的作用。

(一) 农业的经济作用

随着工业化发展，农业在国民经济中的份额已经大大下降。但是，农业在整个国民经济发展中仍然具有十分重要的作用。农业对发展中国家经济发展的贡献可归结为产品、市场、要素和外贸四个方面。产品贡献是指农业部门所生产的食物和工业原料；市场贡献是指农业部门对工业品的市场需求；要素贡献是指农业生产要素向其他部门的转移；外贸贡献则是指某种农产品的进出口在调整进出口结构、调剂余缺方面的作用。

农产品是我国历史上重要的出口物资，某些农产品在国际市场上具有一定的竞争力。根据国际市场的需要，增加优势农产品出口在国际市场的份额，对于调整国内产业结构、优化资源配置、调节国内市场供求、把握市场主动权等有着重要的战略意义。

发展农业可以吸纳大量劳动力。我国人口众多，劳动力就业压力比较大，发展农业是一条缓解就业压力的有效途径。它可以充分利用丰富的劳动力资源，并与当地各种有利的其他资源相结合，发展农村社区经济。

(二) 农业的生态环境作用

农业通过合理利用土地、植树造林、防风治沙等，提供了更多的农产品的同时也改造了自然生态环境。在治理污染方面，农业也具有相当重要的作用。粪便、生活垃圾可以作为农业的有机肥料，在生产农产品的同时减少对环境的污染；农作物和林木的光合作用，可以为减少温室效应发挥作用；绿色植被可以降低城市噪声、减少粉尘、净化空气；农业土壤和水中的微生物可以分解环境中的有害物质，起到净化作用。

(三) 农业的文化作用

随着现代工业社会都市生活弊病的日益凸显，农业和农村社会文化方面的价值越来越得到人们的肯定和重视。植树造林、改造沙漠、建立自然保护区等，都不是单纯的生产和经济活动，对人类精神文化领域发展的作用也是不可低估的。即使是普通的农田作业,由于农业与自然界的密切关系,也具有这方面的文化作用。由于农村社区成员的相对稳定,民风淳朴,注重伦理亲情,遵循传统习俗和价值观念,因此,在现代市场经济背景下,农业和农村社区还具有保存和传承传统文化的功能。一些特色鲜明的乡村旅游、生态观光旅游日渐红火,已经彰显出农业的文化功能。

三、现代农业指标体系的构建

现代农业是包含投入机制、产业、农业装备、市场体系、科技与人才等的综合性建设。从系统论的观点看,现代农业建设是一项复杂的系统工程,必须全面了解其要素、背景、结构、功能等各个方面。而随着社会的发展、科技的进步,现代农业发展的要素、背景、结构及功能都将发生变化,所以现代农业的评价指标体系的构建是一个不断发展、不断完善的过程。从目前农业发展面临的主要形势来看,发展现代农业的首要目标是保障粮食安全。因此,现代农业就是要通过加强物质装备、科技创新、新型农业社会化服务体系建设和培育新型农民,实现专业化、标准化、规模化、集约化的发展模式,进而提高农业水利化、机械化和信息化水平;提高土地产出率、资源利用率、劳动生产率;提高农业综合生产能力、增加农民收入;促进农业可持续发展、扩大农业对外开放。

根据现代农业的内涵、特点,依据综合性、客观性、可比性和可行性的基本原则,现代农业的评价指标应该包括农业基础建设及物质装备水平指标、农业产业化指标、农业科技指标、农业投入水平指标、农业市场化水平指标、农业人才指标六个方面。

(一)农业基础建设及物质装备水平指标

农业基础建设及物质装备水平指标是现代农业建设的基础和保证,农业基础建设和物质装备水平决定了现代农业建设的水平。单位耕地农用机械总动力、有效灌溉面积比重、人均用电量、农村每平方千米公路总里程反映了农业生产的物质基础,数值越大说明现代农业建设的基础水平越高。而现代农业的发展是环境友好型、资源节约型的发展模式,是实现对资源可持续利用。水土流失面积比率、森林覆盖率越高,自然灾害成灾率越低说明现代农业建设的可持续程度越高。以上指标反映了农业生产的基础条件和手段,这些指标与现代农业的发展呈相关性,反映了现代农业的基础和水平。

(二）农业产业化指标

农业产业化是商品生产发展到一定阶段的产物，农业产业化是现代农业的一个重要的特征。农业产业化经营是提升农业竞争力的必由之路，所以农业产业化的核心就是农业生产率的提高，即投入产出水平的提高。粮食产量是国家安全的重要所在，现代农业产业化的提升必然表现在粮食产量的增加。农业增加值占 GDP 的比重与农业总产值占 GDP 的比重反映农业发展的总体水平，而农村从事农业生产人员占农村人员的比重是反映农村人口的就业结构。在加速经济发展和社会经济现代化过程中，现代农业程度越高，必然表现为农业增加值的提高、农业总产值比重的增加、农业从业人员的减少，以上是从农业产业化角度反映了现代农业的发展状况。

（三）农业科技指标

由于人口众多、耕地不足，农业发展受到资源与环境的双重制约，面临国际国内市场的双重挑战，发展现代农业的关键在于加快农业的科技创新的步伐，加大对农业科技研发的投入力度，提高科技在现代农业发展中的贡献率，加快农业的科技成果的推广和应用，提高农业机械的作业化程度和农村的信息化水平。农业科技贡献率、农业研发经费占总收入比例、年度新技术推广面积比率、农业机械化作业程度、电脑普及率等指标反映了现代农业生产力水平的高低。

（四）农业投入水平指标

对农业的投入不足是造成我国现代农业生产较为落后的主要原因，随着城市反哺乡村、工业反哺农业战略的推进，现代农业的发展面临着又一次重要的机遇。加大对农村教育和基础建设的投资，提高农村人口素质，改善农业生产的基础条件。同时加大种粮补贴、良种补贴和购置农机具的补贴力度以提高农民参与农业生产的积极性。所以农村教育投资比率、农村基础建设投资比率、种粮补贴、良种补贴、农机具补贴的力度反映了现代农业的发展水平，指标的高低与现代农业的发展水平呈正相关。

（五）农业市场化水平指标

现代农业的重要特点是农业的市场化和商品化。所以农业的商品率是反映现代农业发展水平的一个重要指标，该指标是作为市场经济条件下，由产品农业向商品农业转变，由自给自足向商品化转变的重要方面，很有代表性。农产品综合商品率、农副产品加工率、农副产品创汇能力反映了现代农业的市场化指数与现代农的发展呈正相关。

(六) 农业人才指标

强化人力资本，培养有文化、懂技术、会经营的新型农民，努力造就现代农业的科技人才队伍。农业科技人员占劳动力比重、成人高中以上文化程度比重、年度培训农业科技人员比重的大小是反映参与农业生产的人员的素质的高低，参与农业生产的劳动者素质越高反映了现代农业生产水平越高，二者呈正相关。

第三节 现代农业的发展模式

现代农业和农业现代化的特点决定了不同地区在走向农业现代化之路时具有一般性、共性，想要实现农业现代化的国家应当很好地学习借鉴农业现代化国家的经验。但是，由于各国农业发展的历史传统不同，现实的农业生产力水平、资源状况、农村产业结构、农业科技等基本情况差异较大，决不能照抄照搬别国农业现代化发展模式，不同国家和地区所走的农业现代化道路也应当是有区别的和丰富多彩的，不会只存在某一种固定不变的模式。所以，中国现代农业建设和农业现代化道路应当具有中国特色的个性特征。

中国现代农业建设和发展模式的设定，既要学习和借鉴农业现代化国家的成功经验，又要充分考虑本国的基本国情，特别是要考虑国内农业资源禀赋、生态环境状况、现有的农业生产力水平和农业生产条件，以及面对的国内外经济、科技等发展形势。

一、选择节约自然资源和生态型的现代农业发展模式

针对中国当前面临的农业资源短缺问题严重的局面，除了加强法律、制度建设，加大对土地、水资源、环境、生物等资源的保护力度，防止环境污染和生态平衡的破坏等以外，还要合理选择中国现代农业的发展模式。具体而言，中国选择现代农业发展模式应充分考虑以下几个重要方面的因素。

一是中国建设现代农业应选择耕地、水资源等节约型农业模式。中国土地、淡水资源紧张是一个长期的难以根本扭转的客观因素，这就决定了中国农业现代化必须走资源节约和集约化经营的道路，如积极发展"精准农业""无土栽培农业""旱作农业""节水农业"等，尽可能提高单位面积的产量和生产经营效益。耕地作为农业发展最基本的生产资料，具有稀缺性特点，目前中国农业资源的严峻形势，决

定了现代农业发展应当选择资源节约型模式。

二是中国建设现代农业应选择生态环保型农业模式。生态环境是人类生存和发展的基本条件，是社会经济发展的物质基础，生态环境系统在向人类源源不断地提供着生物与非生物资源、维系人类社会繁衍和发展的同时，其自身又在不停地进行能量转换和循环运动，人类只有保持生态环境系统及其运动的完整性、持续性，才能从中不断地获取食物、氧气、水、生物等资源。否则，如果人类掠夺式利用自然资源和破坏了生态环境系统平衡，就会出现植被减少、草原退化、生态失调、水土流失、土地沙漠化与盐碱化、气候反常、自然灾害频发、生物物种加速灭绝、可利用资源减少等现象，严重影响到人类正常的生产和生活，人类自身遭受大自然的报复与惩罚。因此，中国作为一个人口众多，人均资源占有量较少和生态环境十分脆弱的国家，在进行农业现代化建设过程中，一定要改变传统不合理的生产方式和消费方式，提倡尊重自然规律和按生态规律办事，防止环境污染和生态平衡破坏，合理开发利用自然资源，采取各种措施，加快生态环境建设步伐，实现农业经济的可持续发展。

三是中国建设现代农业应选择生态效益型农业发展模式。生态效益型农业是一种持续发展的农业模式，它在中国有着悠久的历史和丰富的经验，体现了人类生产活动与自然之间协调发展，其主要内容包括立体种植、间作套种、动植物共生、食物链、产加销一体化等农业发展模式。生态效益型农业不仅可以充分合理地利用自然资源和提高农业生产效益，而且能起到保护自然生态平衡、环境净化、提高生物能与太阳能的利用率等作用，它既克服了传统农业经营目标单一、粗放式生产、经济效益低等缺陷，又弥补了现代"石油与化学农业"带来严重的环境污染、资源浪费等不足，较好地将农业的经济效益、环境效益、生态效益和社会效益有机结合起来。生态效益型农业代表了现代农业发展的潮流，中国现实情况也在客观上要求选择可持续发展的生态效益型农业模式。

另外，中国农业应选择区域化发展模式。发挥各地的比较优势，不断调整农业区域布局，形成各具特色的农产品种植带、产业带。目前中国已经形成了一些重要的农业产业区（带），今后全国以及各地区都应当进一步培育特色农业区（带），走农业区域化发展模式。

二、选择能充分发挥市场机制作用的现代农业发展模式

第一，市场机制在现代农业发展和农业结构调整中能够发挥基础性作用。市场

是现代农业发展和调整农业产业结构的晴雨表,农业生产和结构调整应面向市场和以国内外市场为依托,积极开发市场需要的各类名、优、稀、特、新等主导产品,提高优质农产品的市场占有率和竞争力,从而提高农业经济效益和农民的收入。以后随着市场机制作用的加强,中国农业生产受市场制约因素会逐渐增多,符合市场要求的农产品就会畅销,不符合市场要求的农产品就会滞销,这就决定了农业生产要看市场的"眼色"行事,根据市场需求行情来安排生产什么和生产多少,以及调整农业产业、产品结构。

第二,有关部门和组织要做好市场信息的搜集、过滤、整理和传播工作。不能及时掌握丰富多变的生产技术与市场信息,农业生产经营就成为盲目、被动的活动,农业就没有发展前途;没有现代健全、灵敏地对信息搜集、筛选、发布、传播工作,农业生产经营者就无从把握真实、全面的信息,也就没有现代农业的发展。现在中国农民多为一家一户的分散经营,再加之不少农村信息渠道不畅,他们往往对市场信息捕捉不及时、不准确,广大农民对农业生产和产业结构调整经常表现出无所适从或盲目从众的状态,其结果要么是坚守原有的生产模式,要么是跟风和随大流,最后造成农业结构趋同和产品单一,出现农产品"卖难"问题。因此,地方政府有关部门和农村中介服务组织应当积极为农民收集和传播农产品市场信息,增强农民生产和结构调整的目的性,降低市场风险。

第三,确立为市场服务的农业发展模式。作为现代的农业生产者,必须重视城乡居民消费结构和消费趋向的变化,搞好特色农业的发展。随着城乡居民生活水平的不断提高、消费结构的变化和消费观的转变,对农产品的消费逐步表现出异地消费、反季节消费、绿色消费和个性化消费等特点,这就要求农业生产突出产品个性和特色,树立品牌产品,提高农产品的商品率。特别是积极实施差异性市场调整战略,充分发挥各地的农业资源和生产技术条件等优势,突出农业产业、产品特色,瞄准特定的消费群体,占领有利的市场位置,不断拓展国内外市场空间。不符合市场要求的农业,就没有发展潜力和前途,不符合现代农业发展的特点。

第四,建立健全完备的农村市场体系。地方政府应把农村市场建设当作社会公共设施或产品,纳入农业基础建设计划,加大资金投入,通过大力培育和完善农村市场体系,提高农业的市场化程度,引导农业结构调整。农村市场体系的建设,要按照统一、开放、竞争、有序的原则要求,统筹兼顾,合理布局,突出特色,建立一批规模大、辐射力强、功能齐全的农产品批发市场和农业生产要素市场。按照政府培育市场、市场引导生产的要求,使广大农民面向市场进行生产经营,使农村的种粮大户、养殖大户和经营大户等真正成为自主经营的商品生产者和参与市场竞争的主体。

三、选择农业结构不断优化和农业素质不断提高的农业发展模式

中国要加快农业现代化进程，必须不断地进行农业结构调整，优化农业区域布局，及时更新农产品品种，依靠科技进步大力提高农产品质量，注重高新技术在农业生产经营中的应用，尽快提高农业的科技含量、综合素质和综合效益。

第一，以建设优势农产品产业区、产业带为重点，优化农业区域布局。东部经济相对发达地区应积极发展外向型农业、高科技农业和高附加值农业，创立品牌农业，通过积极发展适应国际市场要求的农产品生产，增强当地农业的出口创汇能力，提高现代农业的发展水平。中西部地区农业结构调整要与农业增长方式结合起来，提高农产品的科技含量，发展符合当地自然资源、人文地理、历史传统等条件的农业，形成一定规模的产业区或产业带，并注意搞好水土保持、生态环境保护工作，创立高产、优质、高效的农业发展模式。各地区应根据当地的农业资源和具体条件，因地制宜地发展特色农业，例如，山区应重点发展水果、林业、药材和食用菌等产业；平原地区发展粮棉、经济作物、农产品加工业；高原地区重点发展畜牧业和林业；沿海地区发展水产业、海洋捕捞业和出口创汇农业，以及技术含量高、附加值高的农产品精深加工业，城市郊区重点发展蔬菜、水果、花卉、园艺、观光旅游业和奶牛养殖业等高产值、高效益农业，等等。

第二，应确保粮食稳定增产，优化粮食品种结构。中国作为一个人口大国，首先应保证人民对粮食的消费，而且随着人口增长和人民消费水平的提高，需要更多的粮食用作畜牧业和副食品工业的原料，粮食转化量大，当前粮食过剩只是阶段性的，决不能产生轻视粮食生产的思想，仍要保持粮食适度增长。当然，粮食增长主要不是靠扩大播种面积，而是注重提高单位面积产量。同时，优化调整现有粮食作物的品种结构，压缩与市场需求不相适应和品质差的粮食品种，增加小杂粮的种植面积，扩大优质专用农作物的种植面积。

第三，坚持以市场为导向，积极调整种植业及其品种结构。目前无论是粮食还是水果、蔬菜等经济作物等农产品，发生出售困难和价格低的一般都是一些不符合市场需求或者品种品质差的产品。所以，这就要求今后农业发展要坚持以市场为导向的原则，积极引导农民围绕市场需求调整种植业结构，尽快提高农产品的档次和品质，增加农产品的科技含量。要大力发展水果、蔬菜业，并不断提高果菜商品率

和优质品率。目前中国农民种植瓜菜的经济效益一般要好于种植粮食作物。今后发展水果、蔬菜业要面向国内外市场，提高果菜的商品率，并将生产、运输、储藏、保鲜和加工等结合起来，努力提高产品的附加值和出口创汇能力。

第四，大力发展农村二三产业，推动农村经济结构优化。现代农业包括农产品的生产、加工、储运和销售等从田间到餐桌的一整套内容。因此，积极发展农村二三产业，使农民从生产、加工、运输、贮藏、销售和各种服务等多环节、多层次获取收益，是增加农民收入和繁荣农村经济的必由之路。近几年，中国进行了农业和农村产业结构的战略性调整工作，并取得了阶段性成果，特别是农村三次产业之间的比例关系发生了重要的变化，发展的基本趋势是第一产业比重不断下降，二三产业比重不断上升。同时，区域间的农业结构差异呈扩大趋势，农产品品种和品质结构也得以很好地调整，农业增效，农民增收。特别是农村产业结构调整的逐步优化，使得农民增收渠道进一步拓宽，农业富余劳动力向农村二三产业转移和向城镇流动就业，正越来越成为农民收入增长的一个重要来源。

农村产业结构的调整，推动着农村劳动力就业结构的变化与重组，第一产业劳动力比重不断下降，非农产业劳动力比重上升，尤其是第三产业劳动力比重增长最快。所以，农业产业结构调整和农村二三产业的发展，在客观上起到了扩大吸纳农村剩余劳动力的积极作用。

今后中国尤其是要重视农产品加工业的发展，结合农产品优势产区、支柱产业建设，制定农产品加工发展规划，完善食品加工业发展的政策措施，重点发展生物化工、生物制药及相关食品加工产业，尽快将食品加工业发展成为农业加工增值的支柱产业。同时，把食品加工业和农业出口贸易有机结合起来，逐步形成名牌产品带动、产加销一体化的高效农业产业体系，尽可能延长农业产业链，提高农业的整体效益。

四、选择农业技术不断进步与创新的农业发展模式

农业的根本出路在于技术进步与创新，农业现代化的实现归根结底要由现代农业科技来支撑。发展农业高新技术，建立农业科技创新体系，确立科技兴农战略，对于顺利实现传统农业向现代农业转变具有重要的意义。

第一，加大对农业科技的投入，提高农业科技水平。中国需要逐渐加大对农业科技研究与推广的投入，用一些时间，提高农业科技研究资金占农业总产值的比重，为农业科技发展创造必要的物质条件，迅速提高中国农业科技的整体水平。同

时，设立农业科研与推广专项基金，除了增加国家和地方财政对农业科技的投入外，还要拓宽农业科技资金的筹集渠道，鼓励和吸引社会多方面资金用于农业科技开发、推广，逐步形成多元化的农业科技投资体系。

第二，积极发展现代高新农业技术，进行农业科技创新。目前中国在这些高新农业技术方面还处于发展阶段，以后应加快推进农业高新技术的研究和引进工作，促进中国高技术农业的发展，实现由传统农业向现代农业的跨越。建立农业科技创新体系，提高农业科技创新能力，是农业现代化的基本要求。农业科技创新包括农业基础技术创新、农业应用技术创新和农业高新技术创新等。农业基础技术创新又分为基础技术理论创新和基础科技创新，没有技术理论创新，其他农业科技创新就缺乏根基；没有农业基础科技创新，农业高新技术研究就缺乏技术储备条件。农业应用技术创新，将直接推动农业生产的飞跃发展，尤其是目前要加紧进行农业节水技术、高效施肥技术、病虫害防治技术、中低产田改造技术、农业环境监测技术、抗逆性新品种技术和农作物超高产技术等研究，用大批农业应用技术成果加快传统农业向现代农业转变的进程。农业高新技术创新可以为现代农业发展提供强大的技术动力与广阔的空间，特别是现代生物技术、转基因农作物与动物克隆技术、农业新型材料技术、新型高效无毒农药技术、农业清洁环保生产技术、农业信息科学技术、农业网络化技术、农业遥感技术、农业专用技术等，对农业现代化建设起着关键性的作用，必须投入足够的人力、物力和财力进行研究与开发，以高新农业技术促进现代新型农业的发展。

第三，加强农业科技人才培育，完善农业科技人才使用与管理制度。目前中国农业科研和技术推广人才短缺，成为制约农业科技创新与农业技术推广的重要因素。面对农业科技人才短缺的局面，一方面要加大培养力度，充分发挥农业高等院校在培养农业专门科技和管理人才的作用，拓宽农业学科专业，改革教学内容，调整课程知识结构，加强农业科技、特别是农业高新技术的教育，农业高层次人才的培养要面向中国农业发展的基本国情，面向未来农业现代化建设，面向世界农业科技革命的发展趋势；同时，大力发展农村职业技术教育，培育大批推广型和普及性农业科技人才，积极实施农民"绿色证书"培训教育，不断提高广大农民的文化科技水平与应用农业技术的能力，为顺利实施科技兴农战略奠定基础。另一方面，完善农业科技人才引进、使用和管理制度，尽快形成农业科技人才资源有效配置与激励机制，提高农业科技人员的待遇，改善其工作、科研和生活条件，促进农业科技人才的有序竞争与合理流动，解决农业科技人才短缺与人才闲置并存的矛盾、人才培养引进与人才流失并存的矛盾，使农业科技人才引进来、留得住、用得好、出成果。

第四，完善农业科技管理体制，健全农业科技推广体系。中国原有的农业科技管理体制存在着一些问题，因此，针对这些问题，应尽快完善农业科技管理体制，优化农业科研组织机构，优化配置农业科技资源，做好农业科研经费、人才、设备、资料等整合，集中科技力量进行重要课题攻关和关键性的高新农业技术研究，加强国家科研机构与地方科研机构、各地区科研机构之间联系和协调，建立和完善信息互通、资源共享的科研信息库及信息网络，搞好重大课题项目的合作研究。同时，建立健全农业科技推广体系，培养农业技术推广主体，培育农村科技服务、咨询、转让等中介机构，完善农业科技推广服务网络，巩固和发展农村基层农业技术推广站，稳定农业技术推广队伍，鼓励和引导企业、社会和农民积极投资于农业技术研究与推广事业，组建各类农业专业技术协会，促进农业技术服务社会化，为农业科技成果顺利转化推广创造条件。

五、选择能够实现可持续发展的现代农业发展模式

现代农业建设，必须坚持实施农业可持续发展战略，不断完善有关农业和农村的制度、体制和机制，通过提高农业科技水平改善农业与农民的素质、增强农村经济活力、提高农业的综合效益、增加农民的经济收入和改善生态环境，通过更新人们的发展观念，逐步实现由粗放式农业向集约型农业飞跃，将农村经济、技术、教育、社会发展协调起来，并与生态、环境、农业资源的保护结合起来，促进农业资源、生产要素的优化配置。所以，中国的现代农业发展必须与保护耕地、水、生物、生态环境等农业资源结合起来，提高土地利用率，实行精耕细作和产业化经营，努力提高农产品产量和质量，争取实现良好的农业综合效益，逐步实现农业经济的可持续发展。

现代农业除了追求高产量、高生产率、高经济效益以外，还要求合理利用农业资源，保护生态环境与提高生态、环境效益，提高劳动者素质，提高农业的科技含量和信息化程度，积极实施农业可持续发展战略。

第四节　农业经济管理的基础理论

一、农业经济管理

概括地说，农业经济管理是指对农业生产部门物质资料的生产、交换、消费等

经济活动,通过预测、决策、计划、组织、指挥、控制等管理职能,以实现管理者预定目标的一系列工作。

农业经济管理属于管理学科。农业经济管理主要工作包括:充分利用各种农业自然资源和社会经济资源,合理组织农业生产与正确处理生产关系和上层建筑两个方面。在组织农业生产力方面,如正确确定农业各部门的生产结构;处理农、林、牧、副、渔五业的相互关系;正确利用农业各种资源、生产资金和生产资料等。在处理生产关系和上层建筑的方面,正确处理国家、地方和企业之间,地方与地方之间,企业与企业之间以及企业与个人之间,个人与个人之间在生产、交换、分配和消费等方面的相互关系。

二、农业经济管理的性质与内容

农业经济管理是一种管理活动过程。农业经济管理的过程就是对农业经济活动中的各个要素进行合理配置与协调,在这个过程中,包括人与人、人与物、物与物的关系协调处理。因此,农业经济的管理,必然表现出生产力合理组织方面的活动和工作,也必然表现出正确的维护和调整生产关系方面的活动和工作。

(一)农业经济管理的两重性

1. 自然属性

农业经济管理有与生产力相联系的一面,即生产力的水平来决定的特性,我们把它叫作农业经济管理的自然属性。在管理活动中,对生产力的合理组织,表现为管理活动的自然属性。对生产力合理组织就是把人、土地等自然资源以及生产资料等生产要素,作为一种具有自然属性的使用价值来对待。具体表现为:土地等自然资源的合理开发和利用,劳动力的合理组织,农业生产资料的合理配备和使用等,以最大限度地发挥生产要素和自然资源的最大效益。

2. 社会属性

农业经济管理也有与生产关系相联系的一面,即生产关系的性质来决定的特性,我们把它叫作农业经济管理的社会属性。这里主要讲的是农业管理在经济方面,要由一定的生产关系的性质来决定。例如,在人民公社制度下,实行土地公有、集体劳动、按劳分配,农民及家庭只是一个生产成员。目前的家庭联产承包责任制度,保留了土地的集体所有制,建立了集体和农民家庭双层经营体制,把土地所有权与经营权分开,农民家庭既是一个自主生产单位,又是一个自负盈亏的经营单位。农业经济管理在生产关系方面发生了巨大的变化。

（二）农业经济管理的两重性源于农业生产过程的两重性

农业再生产过程，一个方面，是人与自然的结合过程，也就是物质的再生产过程，主要是生产要素的合理配置和组合等，要求在组织管理等方面与之相适应；另一个方面，农业再生产过程也是人与人的结合过程，也就是生产关系的再生产过程。例如，生产资料（土地、农机具等）归谁所有，产品如何分配，人与人之间是一种什么关系等。农业经济管理是因农业经济活动的要求而产生的，是为农业经济活动服务的，所以农业经济活动的这些要求，必然要反映到农业经济管理上面来，这就产生了农业经济管理的两重性。生产力决定生产关系，生产关系必须适应生产力的要求，生产力和生产关系构成了一定社会的生产方式。管理是上层建筑，上层建筑必须为经济基础服务，从这个理论上来说，农业经济管理必然具有两重性。

不同国家生产力组织的区别主要由各国的自然、技术条件和经济发展水平决定；生产关系调整的区别，主要由各个国家的社会意识形态、所有制性质的区别决定的。

（三）农业经济管理的内容

农业经济管理的内容是由其涉及的范围和属性决定的。就其涉及的范围而言，农业经济管理的内容包括农业宏观管理和微观管理两部分；就其属性而言，农业经济管理的内容涵盖农业生产力和农业生产关系两个方面。

我国的农业经济管理是社会主义经济管理的组成部分，它包括整个农业部门经济管理和农业经营主体的经营管理。

农业部门的经济管理包括农业经济管理的机构和管理体制、农业经济结构管理、农业自然资源管理、农业生产布局管理、农业计划管理、农业劳动力资源管理、农业机械化管理、农业技术管理、农用物资管理、农产品流通管理和农业资金管理等宏观经济管理。

农业经营主体的经营管理包括集体所有制农业企业和全民所有制农业企业等各类农业经营主体的经营管理，内容有决策管理、计划管理、劳动管理、机务管理、物资管理、财务管理和收益分配等微观经济管理。宏观的农业经济管理与微观的农业经济管理，是整体和局部的关系，两者相互依存，相互促进，相互制约，两者都涉及完善生产关系、调整上层建筑、合理组织和有效利用生产力的问题。

三、农业经济管理的职能与目标

（一）农业经济管理的职能

农业经济管理具有两重性，一是由生产力、社会化生产所决定的自然属性（或称共同性）；二是由生产关系、社会制度所决定的社会属性（或称特殊性）。农业经济管理的两重性决定了它有两个基本职能，即合理组织生产力和正确维护和调节生产关系。这两个基本职能是适应农业经济发展的要求而产生的。这两个基本职能相匹配的具体职能就是计划、组织、指挥、协调、控制等。

（二）农业经济管理的目标

农业经济管理的目标是指国家在农业经济管理方面所要达到的农业经济运行状态的预定目标。农业经济管理的目标决定着管理的重点、内容和着力方向；同时，它也是评价农业经济管理工作的重要依据。现实中，农业经济管理的目标包括以下几点。

1. 实现农业增效、农民增收

实现农业增效、农民增收是市场经济条件下政府管理农业经济的首要目标，也是提升农业竞争力、调动农民积极性的核心问题，这是保证农业和农村经济长足发展的动力源泉。

2. 保障粮食安全和其他农产品的有效供给

尽管农业的功能在不断拓展，但为生产生活提供质优价廉、数量充足的农产品仍旧是农业的基本功能。农业经济管理的目标之一就是根据不同历史时期农产品供求关系的变化，制定合理的农业经济政策，并利用财政、信贷、价格、利息杠杆对农产品的生产与供应进行宏观调控，引导农产品的生产与供应。在保证粮食生产安全的前提下，根据人们消费向营养、安全、健康、多样化方向发展的趋势，大力推进农业绿色食品产业的发展，增加绿色食品的市场供给。

3. 优化农业结构，提升产业层次

农业产业结构的合理与否，对于农业经济的良性循环和长足发展，对于农业整体效能的提升，意义重大。因此，调整优化农业产业结构，提升农业产业层次始终是农业经济管理的重要目标之一。尤其是在我国当前农产品供给总量平衡、结构性矛盾突出的情况下，进行农业结构的战略性调整，推动农业产业结构的不断优化和升级，是我国农业步入新阶段的必然趋势，也是当前农业经济管理工作的中心任务。

4. 转变农业增长方式，提高农业生产效率

促进农业经济增长方式由粗放经营向集约经营转变，由资源依赖型向技术驱动型转变，是改造传统农业、建设现代农业的必然要求，也是大幅度提高农业劳动生产率、土地生产率的根本途径。

5. 实现农民充分就业

农民就业不充分是农民收入增长缓慢、农村市场购买力不足、农业规模效益低

的深层次根源。因此，研究探索实现农民充分就业的途径，理应成为农业经济管理的具体目标。

四、农业经济管理方法

农业经济管理的实施需要借助一系列的方法来实现既定的目标和任务。农业经济管理是由多种方法组成的系统，其中包括法律的、行政的、经济技术的、思想政治的和教育的等方法。各种管理方法只有相互配合，灵活利用，才能达到预期的效果。

（一）管理方法

管理方法是指为保证管理活动顺利进行，达到管理目标，在管理过程中管理主体对客体实施管理的各种方式、手段、办法、措施、途径的综合。根据方法的性质与适用范围，可将管理方法分为管理的哲学方法、管理的一般方法和管理的具体方法。按照管理对象的范围可划分为宏观管理方法、中观管理方法和微观管理方法；按照所运用方法的量化程度可划分为定性方法和定量方法等。

（二）法律方法

法律方法是指国家根据广大人民群众的根本利益，通过各种法律、法令、条例和司法、仲裁工作，调整社会经济的总体活动和各企业、单位在微观活动中所发生的各种关系，以保证和促进社会经济发展的管理方法。

法律方法运用的形式多种多样，但就其主要形式来说，包括：立法；司法；仲裁和法律教育。

（三）行政方法

行政方法是指管理主体依靠组织的权力和权威，按照自上而下的行政隶属关系，通过下达指令、发布命令、做出规定等强制性行政手段，直接对被管理者进行指挥和控制。它的实质是通过行政组织中的职务和职位来进行管理。它特别强调职责、职权、职位，而并非个人的能力。行政方法的主要形式包括：命令、指令、指示、决议、决定、通知和通告等，都是自上而下发挥作用。

（四）经济方法

经济方法是指管理主体按照经济规律的客观要求，运用各种经济手段，通过调节各种经济利益关系，以引导组织和个人的行为，保证管理目标顺利实现的管理方法。

经济方法是政府调节宏观经济的有力工具，同时也是调动组织和个人的积极性的重要手段。

(五) 技术方法

技术方法是指组织中各个层次的管理者根据管理活动的需要，自觉运用自己或他人所掌握的各类技术，以提高管理的效率和效果的管理方法。这里所说的各类技术，主要包括信息技术、网络技术、预测技术、决策技术、计划技术、组织技术和控制技术等。

第六章 生产要素管理

第一节 人力资源管理

国内外学术界从不同层面对人力资源管理进行了界定。从课程分类层面看，可以把人力资源管理分为宏观管理和微观管理。从宏观管理角度来说，人力资源的管理是对整个社会的人力资源进行计划、组织、控制，从而调整和改善人力资源状况，使之适应社会再生产的要求，保证社会经济的运行和发展；从微观管理角度来说，人力资源的管理是通过对企业、事业组织的人和事的管理，处理人与人之间的关系，人与事之间的配合，并充分发挥人的潜能，对人的各种活动予以计划、组织、指挥和控制，以实现组织的目标。由此，可以把人力资源管理阐释为：运用科学方法，协调人与事的关系，处理人与人的矛盾，充分发挥人的潜能，使人尽其才、事得其人、人事相宜，以实现组织目标的过程。

一、农村人力资源状况

为了处理好人与自然的关系，针对农村人力资源的开发，农村人力资源管理应运而生。农业在进入可持续发展阶段后，农村人力资源的管理是其发展的内在动力。

国家统计局相关调查显示，农村劳动力文化素质高低与生产要素的投入、占有、使用及经营效益呈正相关，农村人口受教育程度与经济收入有着最为直接的关系。农村人口素质对消除目前分配上存在的不合理现象，使收入分配趋于合理也有着重要的影响。所以加强教育，开展技术培训，大力提高农村人力资源水平刻不容缓。提高人力资源水平是增加农民收入，推进农业可持续发展的内在动力。实施乡村振兴是解决好"三农"问题的新方略，为社会主义新农村建设在升级中指明了方向。乡村振兴既不是就农村而谈农村，也不是简单的"城市反哺农村""将农村城市化"，而是要把城市和农村对接融合，达到共同发展的目标。要遵循乡村自身的发展规律，走特色发展的道路，补短板、扬长处，注重内外兼修，使人尽其才、事得其人、人事相宜，共同促进农村生态、产业、文化等方面的发展。

乡村振兴，人才为先。农村建设的一个重要原则就是"以人为本"，实现乡村经济、社会、文化等的发展，需要有文化、懂技术、会经营的高素质农民积极参与，要靠人才推动。要实行有效的人力资源管理，才能够让各类人才在农村大显身手、各展其能。农村人力资源管理既可以满足农村产业结构调整升级的需要、农业可持续发展的需要，又可以满足农村劳动力返乡创业的需要，所以加强农村人力资源的管理在当前是非常必要的。

二、农村劳动力利用率

农业劳动力利用率是投入农业生产经营活动的劳动力数量与拥有农业劳动力总量的比值。一般情况下，其比值越大，农业劳动力的利用程度就越高。对于农业劳动力利用率问题，从社会经济发展的角度看，应使社会总劳动量在城乡各经济部门的分布趋于合理，使社会总劳动量获得有效的利用；从农业内部看，应首先将种植业的多余劳动力向林、牧、渔业转移，使农业内部的劳动力分布处于较好的利用状态。

三、优化人力资源管理

人力资源优化是根据农村总体战略目标，科学地计划、预测农村经济在变化的环境中人力供给和需求的情况，从而制定出必要的政策和措施，以保证农村经济在需要的时间和需要的岗位上获得需要的人力，为实现农村经济发展战略目标提供服务。制定规划，既可以保证人力资源管理活动与农村经济发展战略方向目标一致，又可以保证人力资源管理活动的各个环节相互协调，避免不必要的冲突。与此同时，在实施农村经济发展战略规划时，还必须在法律和道德观念方面创造一种公平的就业环境。切实做到将人力计划、人力增补和人员培训三者相结合，合理规划人力资源发展；合理改善人力资源分配不平衡的状况，促使人力资源的合理运用；适时、适量、适质地配合组织发展的需要以及通过人力资源效能的充分发挥，降低用人成本。

在对人力资源进行优化管理的时候要注意的内容主要有以下几个方面。

第一，预测和规划本组织未来人力资源的供给状况。对本组织内现有的所有人员的年龄、性别、有关技能、职业方向等方面的信息资料进行预测。分析组织内人力资源流动、调动的情况，相关部门工作岗位设置的情况、人数需求的情况以及人员培训的情况等。

第二，对人力资源的需求进行预测。在预测和规划本组织未来人力资源的供给状况的基础上，根据农村经济发展的战略目标预测本组织在未来一段时间需要什么样的人才，对需要的数量、质量、层次都要进行充分的预测。

第三，进行人力资源供需方面的分析比较。预测出未来一段时间内人员的短缺或过剩的情况，还可以了解到每个岗位上人员余缺的情况，预测需要具有哪一方面知识、技能的人员，这样就可以有针对性地挖掘、培养相关方面的人才，并为组织制定有关人力资源的政策和措施提供依据。

第四，制定有关人力资源供需方面的政策。这是人力资源总体规划目标实现的重要保证。通过人力资源供给测算和需求预测比较，组织应制定相应的政策和措施，并在有关的政策和措施审批后具体实施。例如，与人力资源开发有关的员工职业技能的培训、专业人才的培养、人员接替轮换方案以及员工职业生涯规划等。

第五，评估人力资源优化的效益。在进行农村人力资源规划时人力资源管理工作的重要部分直接影响到各种人员的配置问题。在一个长期发展的阶段，农村人力资源状况始终与农村产业化需求保持一致。优化人力资源，需要进行实时动态地管理，顺应农村产业化发展的需求，对管理过程和结果不断进行监督、调整、控制、考核与评价，并重视信息的反馈，使不断优化的管理方式更加切合实际，更好地促进组织目标的实现，切实做到上承战略，下接人才。

第二节 农村资金管理

目前农村经济的发展主要以农业中小企业的发展为主，这些农业中小企业已经成为我国国民经济中重要的组成部分，是推动我国经济发展的重要力量。但是相对于一般工业企业来说，农业中小企业属于弱势企业，其受到最大的限制就是融资渠道受限。要解决这一问题，首先要明白资金在农村集体资产中的地位，了解当前的农村资金管理政策，其次要了解适应农业中小企业筹资的新品种并科学地选择融资渠道。

一、农村资金的概念及分类

农村集体资产的管理主要是对资产、资源和资金的"三资管理"。农村集体资产主要包括村民委员会依法拥有的各种财产、债权和其他权利，要按照国家和省、市、区有关规定清产核资、明晰产权、登记造册，确认其所有权和使用权，核发证书；农村集体资源主要包括一切可被村民委员会开发和利用的物质、能量和信息资源，如土地、林木、荒地、水利等，其经营方式必须经村民会议讨论决定，采取公开招投标交易的形式有偿转让其经营使用权；农村集体资金包括农业再生产过程中物质资料的货币形态，主要分为流动资金和固定资金，如现金、银行存款、短期投资、内部往来、应收账款等。严格执行国家相关法律法规，建立健全现金内部控制制度。从企业发展角度来说，"三资管理"中第一步需要考虑的必然是资金的筹集。

资金筹集是指通过各种方式进行资金的筹措以满足企业生产经营过程中所需要的货币资金。都说"巧媳妇难为无米之炊"，资金筹集是企业资金运动的起点，筹资活动是企业生存和发展的基本前提，如果资金链条断裂，那么企业将难以生存，更不可能谈发展，所以资金筹集对企业的生存和发展尤为重要，企业应科学合理地进行筹资活动。

然而，这些资金的来源与筹集的方式不同，所带来的筹资成本和筹资风险也不同。所以，企业在进行筹资的过程中，需要考虑哪些来源与方式才是对企业筹资最有利的，如何使筹资成本和筹资风险降到最低。

二、农村筹资管理

农业经济是我国重要的经济组成部分，农业中小企业在稳定农业经济发展、吸收农村就业人员和提供社会服务等方面发挥着重要的作用，有利于经济的发展和社会稳定，有助于推动经济增长。

（一）农业中小企业筹资的财务指标分析

财务分析指标一般包括偿债能力分析指标、获利能力分析指标以及资产管理分析指标。

农业中小企业偿债能力的分析包括短期偿债能力和长期偿债能力的分析。分析中小企业短期偿债能力的指标包括"流动比率""速动比率"；分析长期偿债能力的指标包括"资产负债率""产权比率""利息周转倍数"等。其中重点考虑的是：流动比率＝流动资产/流动负债，表明短期内偿还流动负债的能力。资产负债率＝负债总额/资产总额，表明负债融资占总资产的比重，能够分析在清算时保护债权人利益的程度。

分析中小企业获利能力的指标主要包括"销售毛利率""销售净利率""投资报酬率""所有者权益报酬率"。其中重点要考虑的是：销售净利率＝净利润/主营业务收入，表明企业每一元的收入所带来的净利润是多少。

分析中小企业资产管理能力的指标是各项资产管理比率（即营运效率比率），主要以周转次数和天数来表示。其中流动资产管理能力分析的指标主要包括"应收账款周转率""存货周转率""流动资产周转率"。其中重点考虑的是：应收账款周转率＝（期初应收账款＋期末应收账款）/2，表明应收账款的流动速度；流动资产周转率＝主营业务收入/流动资产，表明了流动资产的利用程度；总资产周转率＝主营业务收入/平均资产总额，表明了企业总资产的管理能力。

（二）筹资方式的选择

目前，我国的筹资方式很多，但是由于农业产业的弱质性，使农村中小企业面临着极大的风险，所以筹资方式比较单一，基本上还是以银行贷款和农村村级范围内筹资及民间借贷为主。

当然这些方式的选择也存在一定的问题，特别是银行贷款和民间借贷。例如，通过银行贷款无论是贷款程序、信用评价标准，还是贷款额度都受到极大的限制；民间借贷从办理手续、利息等方面也会产生一些不利于社会稳定的因素。

从农村农业中小企业筹资方式的选择来看，应从以下四个方面进行改进。

1. 完善农村农业中小企业融资的政策

完善政府对金融机构支持科技型、成长型的农村农业中小企业融资实行减税、贴现、补贴等优惠政策，以调动金融机构为农村农业中小企业融资的积极性。针对农村农业中小企业点多面广、布局分散的特点，政府可以实行分类指导、鼓励优胜劣汰的竞争措施。对有销路、市场前景广阔、技术创新能力强、效益好的农村农业中小企业进行重点扶持，实行扶优扶强，最后由强带弱，带动农村整体经济的发展。

2. 建立健全中小企业信用贷款服务体系

认真贯彻货币信贷政策的要求，发挥国有商业银行中小企业信贷部门的经营作用，通过改革信贷管理程序、完善信用评价标准，扩大授信范围。下放信贷权限，提高基层分支行营销积极性，与此同时，要健全中小金融机构组织体系，鼓励非公有资本参股商业银行和信用社，引导农民、个体工商户和小企业入股农村信用社，以改善股权结构，创办区域性股份制中小银行和合作性金融机构。另外，可以利用税收优惠、利率补贴、再贷款、再贴现等政策，鼓励银行提高农村农业中小企业贷款比例。

3. 规范民间借贷市场

民间的融资活动在办理手续、利息等方面也会产生一些不利于社会稳定的因素。但是不能简单禁止，而是要用地方性法规明确融资双方的权利和义务，将其纳入正规的金融体系。

4. 拓宽农村农业中小企业的融资渠道

可以大胆尝试股权和债券融资，为保证我国证券市场的健康发展，国家应该尽快完善我国证券市场体系，为农村农业中小企业直接融资提供可能。创业板的推出是我国中小企业融资发展的一个大胆尝试，各个农村农业中小企业应该抓住机会，积极争取通过在资本市场上获得更多的资金来加快企业发展速度，提高技术创新能力。

三、农村人口投资管理

随着我国经济不断发展，人们手中的闲钱越来越多，农民的投资理财有待优化完善。在当今中国城乡经济高速发展的过程中，绝大部分的中国农民通过走出乡村、创办企业、发展特色经济等多种途径已经摆脱了贫困，特别是近年来城镇化的高速发展使部分地区的农户由于拆迁，在落实货币经济补偿机制的同时得到了高额的补偿款，此举使他们的家底快速厚实起来。占地农户短时间内手中就聚集了丰厚的资金，他们的生活状况，也由原来的温饱型向消费型转变。不仅如此，随着城市化进程的不断提升，农民生活消费类型也在悄悄地发生着改变。

农村人口用于食品等生存型消费的比重下降，在衣着修饰、文化教育等发展和享受型消费中的支出大幅增加。短短的几年时间里，农民生活消费水平发生了质的变化，农民的生活已经从生存型步入发展型的轨道。随着农民各项收入的不断提高和家庭财富积累的不断增加，农民朋友渴望财富增值的愿望日益强烈。在居住条件不断提高、子女教育投入不断加大、生活条件不断得到改善的前提下，面对手中尚余的或多或少的财富，如何理财，已经成为当前农民朋友不得不面对的一个现实问题。

相比于城镇居民，文化差异、受教育程度、地域经济发展的不平衡性等诸多因素影响，直接造成当前农村理财理念单一的现象。除了平日的生活必需开销外，剩下的钱几乎就是存进信用社，极少的农村家庭会投资理财。老百姓对金融投资的理解，仅限于银行的"存、汇、兑"业务以及储蓄业务可以获得除本金外的利息。由于老百姓只放心把钱存到银行的观念已经固定，并没有获取投资理财的信息来源，导致农村的"闲钱"直接成为"死钱",农民没有机会也没有意识去享受商业银行的"大众化服务"。随着我国经济的发展和政府对农业的扶持,农村经济发展迅速,农民生活水平提高,很多老百姓在吃饱穿暖的基础上,手中还持有很多闲钱,相对于把钱存入银行,很多农民具有了购买理财产品的经济基础和理念。在政府创新理财产品的基础上,农民购买适合自己家庭情况的理财产品,在可以承受的风险范围之内获得最大的利益,有利于在短时间内提高农民的生活水平,也为实现我国宏观经济管理目标做出贡献。所以说,改善当前农民理财结构,不仅对于老百姓来说,还是对于我国宏观经济的发展来说,都是非常必要的。

改善农村人口投资理财结构应该具体做到以下几个方面。

(一) 改善农民理财理念,完善农民投资理财知识

"低消费,高储蓄"是目前我国农村比较普遍的理财现象,在大多数的老百姓眼里,投资理财等于银行储蓄。这种落后和不健全的理财理念是不符合现代社会发展的。为了构建新农村,使农民更加顺应社会发展,政府应为当地农民创造更多的学习机会,以乡镇或者村为单位进行定期的投资理财知识讲座,鼓励老百姓将手中的闲钱转化为资本,来增加农民除了耕种养殖以外的产业性收入。

在加强老百姓投资理财知识教育方面,主要的手段有:第一,应向农民传输个人或家庭理财、生命周期理财规划等观念,打破"一心挣钱,专心攒钱"的陈旧观念,讲授并使其意识到适当的投资理财方法可以实现家庭净资产增加与生活质量得以提高的双重目标,让其对科学的投资理财理念和方法有更多的了解,从思想上改变农民不懂理财乱理财的状况。第二,政府应进一步推进"三下乡"活动的开展,尤其要真正实现"科技下乡"和"文化下乡"以加快改善农村的生活状况。虽然各种媒体尤其是网络上充斥着各种理财知识和技能培训信息,但农民对这类来源的信息信任度一般不高。下乡人员是由政府委派的,而且属于专业性人才,具有权威性,由他们进行理财知识的宣传和技能的培训,农民群众会愿意相信和接受,效果会比较好。第三,充分利用当地媒体,积极推出适合老百姓的理财服务栏目,并开通服务热线,让老百姓在接到新理念的同时,遇到不明白、不清楚的地方可以随时拨打电话进行咨询,受到具体的指导,学会相关的理财软件的业务操作;利用报刊和宣传图册等媒介,让投资理财信息走进每个家庭,茶余饭后可以随时拿起来阅读并和家人邻居探讨,时间久了,耳濡目染,老百姓就会主动去了解、学习;第四,定期或不定期安排专家讲座,进行投资理财知识培训,为了提高村民的参与积极性,可以设置奖品派送环节,提高老百姓的兴趣;对于新青年,可以适当地开设

关于投资理财的课程，让农村最年轻的一代摆脱传统理财观念的束缚，接收到合理的符合当代潮流的理财理念，通过年轻一代带动老一辈理财理念的转变。在广大农村的学校中，农民也应从自身出发，关注国家宏观经济政策，设定科学合理的投资目标与理财规划。

（二）建立健全市场化的社会保障制度

由于农村社会保障体系还不完善，很多保障项目不能满足农村社会发展的需要、在很多地区，并未实现与本地相适应的社会救助、优抚安置和社会福利等机制，严重阻碍了农村投资理财的发展。凯恩斯主义经济学理论中就明确地指出，"生产和就业的水平决定了总需求的水平"。总需求是整个经济系统里对商品和服务的需求总量。之所以存在百姓对投资理财的有效需求不足情况，原因主要在于"三个基本心理因素"即心理上的消费倾向、心理上的偏好以及心理上对资本未来收益的预期值。所以，只有建立健全的百姓投资理财的保障制度，解决农民的后顾之忧，提高农民经济生活质量，才能激发老百姓的投资理财欲望。

（三）发展乡镇金融市场

乡镇金融市场的逐步发展和优化，可以进一步拓宽农民投资的渠道，更新农民的理财理念。农村金融理财市场潜力很大，但真正可以深入其中的金融机构却不多，比如说，证券公司的主要市场和客户是大城市和从事与之相关工作内容的人，在农村是几乎看不到证券公司的。相对于城市里遍布街巷的银行网点和ATM机来说，在农村只有地理位置较为优越的村庄会安置银行网点，并仍然以农村合作银行、农村信用社和邮政储蓄银行为主，基金、股票和债券等投资方式几乎没有发展市场，严重阻碍了农村银行理财服务推广工作的进行，也不利于老百姓了解和购买理财产品。为了改变这种现状，有关部门应大力发展乡镇金融市场，加快基金、股票、债券等金融产品的推广，来进一步优化农村的理财环境。

第三节　农村土地经营管理

土地流转和适度规模经营是发展现代农业的必由之路，有利于优化土地资源配置和提高劳动生产率，有利于保障粮食安全和主要农产品供给，有利于促进农业技术推广应用和农业增效、农民增收。开展土地流转和适度规模经营应从我国人多地少、农村情况千差万别的实际出发，积极稳妥地推进。为引导农村土地（指承包耕地）经营权有序流转、发展农业适度规模经营，要做到全面理解、准确把握中央关于全面深化农村改革的精神。按照加快构建以农户家庭经营为基础、合作与联合为纽带、社会化服务为支撑的立体式复合型现代农业经营体系和走生产技术先进、经营规模适度、市场竞争力强、生态环境可持续的中国特色新型农业现代化道路的要求，以保障国家粮食安全、促进农业增效和农民增收为目标，坚持农村土地集体所有，实现所有权、承包权、经营权"三权"分置，引导土地经营权有序流转，坚持家庭经营的基础性地位，积极培育新型经营主体，发展多种形式的适度规模经营，巩固和完善农村基本经营制度。

首先，改革的方向要明，步子要稳，既要加大政策扶持力度，加强典型示范引导，鼓励创新农业经营体制，又要因地制宜、循序渐进，不能搞强迫命令，不能搞行政瞎指挥，要使农业适度规模经营发展与城镇化进程和农村劳动力转移规模相适应，与农业科技进步和生产手段改进程度相适应，与农业社会化服务水平提高相适应，让农民成为土地流转和规模经营的积极参与者和真正受益者，避免走弯路。其次，要坚持基本原则。坚持农村土地集体所有权，稳定农户承包权，放活土地经营权，以家庭承包经营为基础，推进家庭经营、集体经营、合作经营、企业经营等多种经营方式共同发展；坚持以改革为动力，充分发挥农民首创精神，鼓励创新，支持基层先行先试，靠改革破解发展难题；坚持依法、自愿、有偿的原则，以农民为主体，政府扶持引导，市场配置资源，土地经营权流转不得违背承包农户意愿，不得损害农民权益，不得改变土地用途，不得破坏农业综合生产能力和农业生态环境；坚持经营规模适度，既要注重提升土地经营规模，又要防止土地过度集中，兼顾效率与公平，不断提高劳动生产率、土地产出率和资源利用率，确保农地农用，重点支持发展粮食规模化生产。

农村土地承包经营权流转应当在坚持农户家庭承包经营制度和稳定农村土地承包关系的基础上，遵循平等协商、依法、自愿、有偿的原则。农村土地承包经营权流转不得改变承包土地的农业用途，流转期限不得超过承包期的剩余期限，不得损害利害关系人和农村集体经济组织的合法权益。农村土地承包经营权流转应当规范有序。依法形成的流转关系应当受到保护。县级以上人民政府农业行政主管（或农村经营管理）部门依照同级人民政府规定的职责负责本行政区域内的农村土地承包经营权流转及合同管理的指导。

为规范农村土地承包经营权流转行为，维护流转双方当事人合法权益，促进农业和农村经济发展，中华人民共和国农业农村部根据《中华人民共和国农村土地承包法》及有关规定制定了《中华人民共和国农村土地经营权流转管理办法》，并于

2021年1月发布，其中明确了流转当事人的具体权利和义务、流转的方式、流转合同的相关要求等内容。

土地问题涉及亿万农民的切身利益，事关全局。各级党委和政府要充分认识到农村土地经营权有序流转、发展农业适度规模经营的重要性、复杂性和长期性，切实加强组织领导，严格按照中央政策和国家法律法规办事，及时查处违纪违法行为。坚持从实际出发，加强调查研究，搞好分类指导，充分利用农村改革试验区、现代农业示范区等开展试点试验，认真总结基层和农民群众创造的好经验好做法。加大政策宣传力度，牢固树立政策观念，准确把握政策要求，营造良好的改革发展环境。加强农村经营管理体系建设，明确相应机构承担的农村经济管理工作职责，确保事有人干、责有人负。各有关部门要按照职责分工，抓紧修订完善相关法律法规，建立工作指导和检查监督制度，健全齐抓共管的工作机制，引导农村土地经营权有序流转，促进农业适度规模经营和农村经济健康发展。

一、农村土地流转模式

国家政策规定的流转模式主要有互换土地、交租、入股、宅基地换住房、承包地换社保和"股份＋合作"五种。

（一）互换土地

互换土地模式是农村集体经济组织内部的农户，为方便耕种和各自的需要，对各自土地的承包经营权进行的简单交换，是促进农村规模化、产业化、集约化经营的必由之路。

（二）交租

交租模式是在市场利益驱动和政府引导下，农民将其承包土地经营权出租给大户、业主或企业法人等承租方，出租的期限和租金支付方式由双方自行约定，承租方获得一定期限的土地经营权，出租方按年度以实物或货币的形式获得土地经营权租金。其中，有大户承租型、公司租赁型等。

（三）入股

入股即"股田制"或股份合作经营。这种模式是指在坚持承包户自愿的基础上，将承包土地经营权作价入股，建立股份公司。在土地入股过程中，实行农村土地经营的双向选择（农民将土地入股给公司后，既可继续参与土地经营，也可不参与土地经营），农民凭借土地承包权可拥有公司股份，并可按股分红。该形式的最大优点在于产权清晰、利益直接,以价值形式把农户的土地承包经营权长期确定下来,农民既是公司经营的参与者,也是利益的所有者,是当前农村土地使用权流转机制的新突破。

(四) 宅基地换住房,承包地换社保

"宅基地换住房,承包地换社保"的模式是农民放弃农村宅基地,宅基地被置换为城市发展用地,农民在城里获得一套住房。农民放弃农村土地承包经营权,享受城市社保,建立城乡统一的公共服务体制。

(五) 股份+合作

"股份+合作"模式是农户以土地经营权为股份共同组建合作社。村里按照"群众自愿、土地入股、集约经营、收益分红、利益保障"的原则,引导农户以土地承包经营权入股。合作社按照民主原则对土地统一管理,不再由农民分散经营。合作社挂靠龙头企业进行生产经营。合作社实行按土地保底收益和按收益分红的方式,年度分配时,首先支付社员土地保底收益每股(亩)定额,留足公积公益金、风险金,然后再按股进行二次分红。

二、农村土地规模经营

(一) 以农业产业化龙头企业带动发展土地规模经营

在农村经济结构中,只有少数企业处于市场前沿,他们掌握着较多的市场信息并且善于经营。争先效仿的小农户出现"难卖"的情况,致使小农户在激烈的竞争中处于下风,甚至被淘汰。为了避免这种情况的发生,农村经济结构的调整必须考虑合理地将现有的资源优化配置,进行整合,形成规模经营,共同发展。农业产业化龙头企业可以直接实行土地规模经营,同时还能带动农户发展土地规模经营,现实地解决了小生产与大市场的矛盾。

(二) 以农村土地股份合作社为主的经营模式

农民专业合作社是目前中国农业发展的主流经济组织,以农村土地股份合作社为主的经营模式是发展土地规模经营的有效形式。以土地承包经营权或资金入股,组建阶段的技术人员和务工人员可用工资入股,农民既可以获得务工收入,又可以按股分红。

第七章　农业产业化

第一节　农业产业化发展理论

一、农业产业化的概念与意义

（一）农业产业化的概念

农业产业化是以国内外市场为导向，以提高经济效益为中心，对当地农业的支柱产业和主导产品，实行区域化布局、专业化生产、一体化经营、社会化服务、企业化管理，把产供销、贸工农、经科教紧密结合起来形成"一条龙"的经营模式。

从农业产业化形成的雏形及农业产业化的概念来看，农业产业化包含四层意思：第一，农业产业化发展要以市场为导向，根据市场需求将农业生产、加工、贸易等诸多环节与市场需求紧密结合；第二，实行种植养殖业、加工、产供销、农工贸易于一体的产业化经营，第三，保障农产品销售渠道畅通，促进农业增收；第四，体现生产专业化、布局区域化、经营一体化、服务社会化、管理企业化。实际上是按照社会主义市场经济体制的要求，全面地、系统地提高农业和农村经济的战略思想和实际运作。简单来说，农业产业化的实质是当前农业及农村经济发展的一种经营模式。

农业产业化是以市场为导向，以效益为中心，依靠龙头企业带动农业产业发展和科技进步，对农业和农村经济实行区域化布局、专业化生产、一体化经营、社会化服务和企业化管理，形成贸工农一体化、产加销一条龙的农村经济的经营方式和产业组织形式。简言之，就是指在改造传统的自给半自给的农业与农村经济和市场接轨的条件下，在家庭经营的基础上逐步实现农业生产的专业化、商品化和社会化经营管理。其基本类型主要有：市场连接型、龙头企业带动型、农科教结合型、专业协会带动型。农业产业化的本质特征为：一是市场化，市场是农业产业化的原始动力；二是专业化，其生产、加工、管理、市场等均应实施专业化；三是集约化，实行集约化生产和管理，改变粗放经营模式，以求得规模效益；四是社会化，建立健全全方位、多层次、多功能的社会服务体系；五是一体化，即种养加、产供销、贸工农一体化经营。

（二）农业产业化发展应遵循的原则

1. 科技优先原则

科技创新是推进产业化经营快速发展、促进产业优化升级的动力之源。农业产业化的发展归根到底要靠科技进步和劳动者素质的提高。科技优先就要求企业优先做好科研攻关，采取产、学、研一体化发展，积极开展科技成果的推广与应用，带动整个产业链的发展。同时，要以技术为主线，不断向生产全过程扩展，形成自我服务、自我发展的生产经营体系。

2. 非均衡发展原则

迅速壮大龙头企业群，要避免建设上的"平面推进"，要在经济实力和技术实力相对雄厚、资源优势明显的地区进行布局和建设，从而实现重点产业或区域突破，带动整个产业发展。

3. 大农业经济原则

农业产业化的出现打破了传统农业的观点，实现向多种经营、整个区域经济延伸。在推进农业产业化时，实施科学种田、集约经营、提高单产、增加总产。要树立大农业经济观念和改革创新意识，破除传统、狭隘的小农经济意识应用股份制和股份合作制，通过资金、土地、技术、设施、物资、品牌等入股，大力发展集团经济，使生产诸要素配置更加合理，形成更粗、更长的产业化链条。

4. 以市场为导向原则

要充分发挥市场配置资源的基础性作用，按照市场需求开发项目、组织生产，实现生产要素的优化组合。农业产业化是在市场经济条件下，解决当前一系列制约农业和农村经济发展深层次矛盾和问题的必然选择，是区别于传统农业生产方式和组织形式的一种新机制。市场机制的发挥是农业产业化发展的决定性因素。以市场为中心，建立健全市场体系，积极推动引导农民和农业产业化组织把握市场脉搏，抢抓市场机遇，提升产业效益。

5. 特色优先原则

在资源优势明显的地区，尤其是生态脆弱的中西部地区，农业产业化要十分注重走特色化发展道路。产业结构调整要立足于实际，因地制宜，合理布局。特色产品要发展壮大，提升产品竞争力。

6. 可持续发展原则

可持续发展是关系到子孙后代生存发展的百年大计。农业产业化发展一定要正确处理好发展速度、资源开发力度和环境承受能力三者之间的关系。严格执行项目准入制度和环境影响评价制度，坚决关停严重破坏生态环境的涉农企业。在生态功能保护区或生态脆弱区，实行优化开发；在生态环境严重退化和受保护区域范围内实行限制开发。同时，要大力推行生态农业和清洁生产模式，积极发展无公害产品、绿色食品和有机食品。实现经济效益、生态效益和社会效益的统一。

（三）农业产业化发展的战略意义

1. 农业产业化发展，促进"三农"问题的解决

农业产业化经营实质就是发展特色经济和规模化经济，发展农产品精深加工，拉长农业产业链条，把企业经营引入农业领域，解决市场经济条件下农民面临的就业难和"小生产、大市场"的矛盾。利用技术、资金、人才和市场的结合，激活区域内的劳动力以及土地等资源，使农民增产增收。农业产业化经营模式中农户按龙头企业的订单生产，龙头企业搞加工转化增值，并在加工、流通等环节对农民进行二次分配，提高了农业的综合效益，成为增加农民收入的重要途径。走农业规模化经营道路，提高农业的比较效益，有利于解决现阶段农民增收难的问题。

2. 农业产业化在新农村建设中发挥积极的作用

（1）提高农户技术水平

我国农业要走向现代化需要解决农业技术、市场信息、投资进农村难和农产品与富余劳动力出农村难的现状。发展农业产业化经营就是通过龙头企业、农民合作经济组织把农业实用技术带到农村去传授给农户，这有利于培训新型农民，提高农民政策水平和科技文化素质，进一步增强广大农民建设新农村的本领，从而促进农村生产力水平的提高。

（2）推进农村体制创新

新农村建设的目标要求基层农村体制创新。农业产业化发展既符合党的基本政策，又符合现代农业的发展方向。这种经营模式坚持农村土地家庭承包责任制不动摇，发展龙头企业和农民的专业合作，延伸了农业产业链条，有利于促进区域经济、规模经济的发展，是农业土地规模化经营的体制创新。

（3）提高农业市场化程度

农业产业化经营有利于千家万户小规模经营进入统一的大市场，提高农业市场化程度。

(4) 推进传统农业向现代农业转变

农业产业化经营用现代科学技术和装备武装农业,加快农业科技进步,推进传统农业向现代农业转变。

3. 有利于合理开发利用自然资源,保护生态环境

农业产业化经营,其生产经营活动的区域化、专业化、规模化程度较高,有利于从总体上合理配置自然资源,便于环境保护监督管理,做到"靠山养山、靠田养田、靠水养水",实现资源永续利用,保护生态环境。

4. 有利于解决新时代面临的农业资源和市场需求的双重约束

市场对农产品多样化、优质化的要求愈益旺盛,按照传统方式生产的质次农产品与市场需求脱节,通过农业产业化经营,按照市场需求进行农产品加工,并根据加工工艺的需求组织农产品原料生产,把市场信息及时传递给农户,促进农民调整农业生产结构。这样既解决了农产品供需之间结构不对称的矛盾,又可使农产品转化增值,提高了资源利用效率。

二、农业产业化发展的理论基础

我国农业产业化来自农业生产实践,是在市场经济条件下,在土地家庭承包改革中产生的农业发展模式,其产生与发展也遵循一定的理论基础。

(一) 产业组织理论

产业组织理论是研究市场在不完全竞争条件下的企业行为和市场构造,是微观经济学中的一个重要分支。它是以特定产业内部的市场结构、市场行为和市场绩效及其内在联系为主要研究对象,以揭示产业组织活动的内在规律性,为现实经济活动的参与者提供决策依据,为政策的制定者提供政策建议为目标的一门微观应用经济学,其理论渊源可追溯到马歇尔的经济理论。该理论的研究目的是寻找最有利于资源合理分配的市场秩序和充分发挥价格机制功能的现实条件。在产业组织论者看来,垄断是一定市场结构中的各种市场行为产生的一种市场效果,影响市场结构和市场行为的主要因素是产品的差别化,新企业的进入壁垒,市场需求的增长率,企业的价格政策、产品政策、压制竞争对手的政策等。每个企业都追求规模经济,而每个产业的市场规模都不是无限的。这样,有限的市场规模和企业追求规模经济所产生的市场行为都会使市场结构趋向垄断。垄断的形成则会使少数企业通过企业间的合谋、默契、领导价格制和构成卡特尔等形式控制产业价格,形成扼杀竞争的垄断价格,破坏价格在合理分配资源上所起的作用,阻碍资源随供求关系移动,引起资源分配的"X非效率",减弱企业改善经营管理和推动技术革新的动力,最后造成经济发展的停滞。因而,为了获得理想的市场效果,需要国家通过制定产业组织政策,干预产业的市场结构和市场行为,通过降低卖者的集中度、减少进入壁垒、弱化产品差别化趋势、控制市场结构和通过反垄断法控制市场行为等抑制垄断的弊端,维护合理和适度的竞争秩序。现代产业组织理论在相当程度上依靠博弈论,其主要内容包括:市场的构造和组织,技术和市场构造,营销和信息的作用。其中市场的构造和组织的市场形势包括:完全竞争、垄断性竞争、垄断、寡头,以及产品的差别化、产业集中度、兼并、进入壁垒等。技术和市场构造包括研究开发、兼容性、标准,营销包括广告、产品质量、耐久期间、保障、定价战术、市场战术、价格差异化等;信息的作用包括政府补贴、政府管制、搜寻理论等。

产业组织理论是20世纪30年代以来在西方国家产生和发展起来的。随着产业组织理论的发展,西方产业组织理论在发展过程中出现不同的学派,如哈佛学派(Harvard School)、芝加哥学派(Chicago School)和新产业组织理论(New Industrial Organization)。哈佛学派的产业组织理论发起人是哈佛大学的梅森(E·Mason)教授和其弟子乔·贝恩(J·Bain)。1959年,乔·贝恩所著的第一部系统阐述产业组织理论的教科书《产业组织》出版,标志着哈佛学派正式形成。哈佛学派以实证的截面分析方法推导出企业的市场结构、市场行为和市场绩效之间存在一种单向的因果联系。市场结构的机密程度决定了企业的市场行为方式,而市场行为方式又决定了企业市场绩效的好坏。即产业组织理论特有的"结构—行为—绩效"(structure-conduct-performance)分析范式,简称SCP。SCP分析范式,为早期的产业组织理论研究提供了一套基本的分析框架。20世纪70年代后期开始,一些芝加哥大学学者在对哈佛学派的观点进行抨击的过程中,逐渐形成了产业组织理论的"芝加哥学派"。进入20世纪80年代以来,随着各国经济的外向型发展,世界经济一体化发展和国际经济贸易往来活动的加强,巨型跨国企业集团已成为现代产业结构的一个重要特征,西方国家的产业组织政策也日益向保护本国企业在国际竞争中的优势地位方面倾斜。在这样的背景下,产业组织理论领域发生了若干深刻的变化,提出了一系列新的理论和主张。

第一,策略性行为理论。该理论主要包括影响未来市场需求函数与成本函数的策略性行为和影响竞争者对事件估计信念的策略性行为。核心内容是寡头竞争企业的策略性行为。

第二,可竞争市场理论。该理论认为,只要市场是完全(或近似完全)可竞争的，潜在的竞争压力就会迫使任何市场结构中的企业采取竞争行为。政府应当放弃反垄断政策，并放松对某些垄断性行业的政府管制。

第三，交易费用理论。该理论认为企业的边界不单纯由技术因素决定，而是由技术、交易费用和组织费用等因素共同决定，其主要观点为：借助于资产专用性、有限性和机会主义等概念，认为当市场交易活动产生的交易费用大于企业内部的组织费用时，企业规模应当扩大，企业之间应当实行兼并、联合；反之，企业规模应当缩小。指出企业组织也是对资源进行配置的一种合理、有效的方式，企业组织这只"看得见的手"和市场机制这只"看不见的手"共同参与对资源的配置。

第四，企业代理理论。集中探讨代理人目标偏离及其治理问题。如"现代企业外部约束机制"理论和"企业融资约束机制"理论。

(二) 比较效益理论

比较效益是指农业效益与工业效益之比较。在传统的农业生产方式下，我国农业经济在生产过程中的初级原料性产品生产、加工和深度加工、购销、服务等活动相互脱节，农业的产前、产中、产后环节严重脱节，并分归不同的行政部门管理，破坏了农业作为产业系列所应包括的各个环节间的内在联系，割断了农业生产环节与其前、后环节本应密切联系的利益分配关系，从而大大降低了农业比较效益。在农业产业化经营中，将农业产前、产中、产后各个环节联结起来形成一个完整的产业链条，同时把分散的农户与市场联系起来，实行生产、加工、销售、服务一体化经营，开展专业化、规模化、社会化生产，充分发挥组织协同和产业协同效应，加快农业技术的引进、推广和应用，提高农民素质，从而增加农业产业的市场竞争力，提高农业比较效益。

农业产业化经营提高农业比较经济效益是通过以下途径实现的。第一，农业产业化经营是通过降低农用生产资料的价格及其购置的交易、运输成本，降低其来源价格。农业产业化经营组织通过向农业生产前环节的延伸，实现农业生产服务社会化，把分散农户零星的生产资料购置转化为批量购置，可以享受供货方的批发甚至出厂价格优惠以及送货上门服务，降低农用生产资料直接价格，并节约运输成本，省去分散农户零星购置的信息搜集、谈判和交易成本，从而使农用生产资料的总体价格水平明显降低。第二，农业产业化经营实现农业规模经营，降低了农业技术引进与推广的成本和效率。第三，农业产业化经营有助于农民素质的提高。生产力三要素中首要的要素是劳动者的劳动，劳动者素质的高低是决定生产力发展水平高低的重要因素。第四，农业产业化经营可以促进农业技术创新。农业产业化经营能够降低收入流水来源价格、提高劳动者素质、推进农业科技发展、形成规划及特色化经济发展模式，从而提高农业的比较经济效益。

（三）利益共同体理论

共同体又称作集体，马克思、恩格斯的《德意志意识形态》对个人利益与共同利益的关系等问题以及虚幻共同体理论有着深刻论述。共同体成员有着共同的目标、声誉、利益和行动，它强调集体的共同性或公共利益。但是，当共同体的目标、声誉或名义被某些人利用而脱离其成员的共同利益和目标时，甚至成为损害其成员利益和价值追求的东西时，便成为虚幻的共同体。农业产业化经营是由多元经济主体组成，包括龙头企业、基地农户以及其他各种途径投资入股的经济组织或个人。这些经济主体通过产业链条和利益共同体形成合力，以追求更大的经济效益，形成"风险共担、利益共享"机制，成为利益共同体。

在农业产业化经营中，利益共同体管理模式，可能是农业产业化发展的最佳管理模式。因为企业是一种功利组织，所以必须解决企业为谁谋利益的问题，否则企业不可能获得长远发展。农业产业企业也不例外，它更需要解决为谁谋利益的问题。农业产业企业不仅要解决企业员工、各种入股人的经济利益问题，还要解决农产品原料供给者——基地农户的利益问题。虽然企业不具有承担解决农民致富增收的社会责任，但是农产品加工销售企业，如若想得到充足的源源不断的高质量的农产品加工原料，就必须通过基地农户入股、签署协议等形式，将农户纳入企业利益共同体中来，降低基地农户的风险，保障基地农户利益，形成稳固的经济利益共同体，从而获得农户的长期支持与合作。

龙头企业和基地农户以及其他经济体形成稳固的经济利益共同体，实现公司双赢或多赢局面，农业企业就必须保障各参与主体对农业产业化经营系统的投入（劳动、资金、技术、产品、知识、专利）和他们在其中的资产产权得到承认，并从中获得合理的收益和回报。保障利益共同体的权益需要通过健全的制度，即需要逐步完善组织保障、制度保障、"非市场安排"、利益分配机制和运营约束机制。这五大制度建设，形成经济共同体的基本制度框架。其中"非市场安排"是农业产业化经营的特殊服务机制，是龙头企业与基地农户之间的特殊利益关系，其主要内容包括龙头企业提供给基地农户的资金支持、无偿或低偿服务、低价供应或赊销生产资料、保护价格、风险基金制度等。只有企业通过各种保障机制与基地农户结成了利益共同体关系，农业产业发展才算真正实现了农业产业化经营。

(四) 区域发展理论

从 20 世纪 50 年代起以区域经济增长为核心的区域经济发展理论开始大量出现，并日趋完善，主要包括经济均衡增长理论和非均衡增长理论。均衡增长理论认为，发展中国家脱离贫困的唯一途径是大力发展工业，将资金同时并全面地投资于工业、农业、消费品生产、资本生产等各个国民经济部门，这样才能彻底改变落后的经济结构，从而为投资规模的扩大、经济的增长创造条件。均衡增长理论过分强调计划性均衡增长的重要性，在现实中因受到资源不足、资金短缺、技术落后、管理滞后等多种因素的限制，使其在指导经济发展中缺乏现实基础。区域经济非均衡增长理论认为在国家经济发展的起飞阶段，随着整个国家经济发展水平的提高，区际差异呈扩大的趋势，区域经济倾向于非均衡增长；起飞阶段之后，区域间的不平衡程度逐渐趋于稳定；当经济发展到成熟阶段，区域差异将逐步缩小，区域经济增长呈均衡趋势。进入 21 世纪以来，在新的区域发展背景下，区域发展形成了一些新理念，如整体协调发展理念、城乡一体化理念、可持续发展理念、以人为本理念等。

我国在区域发展理论上也有突出的贡献。在党的区域发展政策指引下，我国逐步建立了泛珠江三角区域合作、长三角区域经济合作、环北部湾区域经济合作、环渤海湾区域经济合作、中部地区经济合作等区域经济合作，形成了宽领域、多层次和全方位的区域合作新格局。我国东、中、西部省区相继开展了探索区域协调发展、互联互动发展、区域间优势互补、互利共赢合作的新模式。丰富的实践也有待于理论界不断总结经验，提升和发展区域经济合作和区域经济发展的新理论。未来区域经济学的研究方向应该包括学科基础理论建设和当前我国区域经济发展的前沿问题。

(五) 帕累托最优理论

帕累托最优是由意大利经济学家维弗雷多·帕累托（Vilfredo Pareto）提出来的，其基本含义是，社会无法进一步组织生产或消费，以增进某人的满足程度同时却不会减少其他人的福利，或者说，此时没有一个人的境遇能在不使别人的境遇变得更糟的情况下变得更好。帕累托最优也称为帕累托效率、帕累托改善，是博弈论中的重要概念，并且在经济学、工程学和社会科学中都有着广泛的应用。帕累托最优是指资源分配的一种理想状态，假定固有的一群人和可分配的资源，从一种分配状态到另一种分配状态的变化中，在没有使任何人境况变坏的前提下，使得至少一个人变得更好，这就是帕累托改进或帕累托最优化。即在社会成员的福利都不减少的条件下，已经无法通过生产与分配的更新安排和组合来增加任何社会成员的福利，这时就达到了资源配置的最优状态。帕累托改进是达到帕累托最优的路径和方法，是公平与效率的"理想王国"。广义上讲，帕累托效率是一种综合效率，指的是生产、消费和交易都有机地组织在一个经济系统之中的效率，是一个完全效率的概念。帕累托最优回答的是效率问题。从社会福利角度出发，用效率来评价总体经济运行有其合理性。

一般来说，达到帕累托最优时会同时满足交换最优、生产最优和产品混合最优三个条件。其中，交换最优是指对任意两个消费者、任意两种商品的边际替代率是相同的，且两个消费者的效用同时得到最大化；生产最优是指对任意两个生产不同产品的生产者，需要投入的两种生产要素的边际技术替代率是相同的，且两个生产者的产量同时得到最大化；产品混合最优要求经济体产出产品的组合必须反映消费者的偏好，此时任意两种商品之间的边际替代率必须与任何生产者在这两种商品之间的边际产品转换率相同。如果一个经济体不是帕累托最优，则存在一些人可以在不使其他人的境况变坏的情况下使自己的境况变好的情形。普遍认为这样低效产出的情况是需要避免的，因此帕累托最优是评价一个经济体和政治方针的非常重要的标准。

（六）信息不对称理论

信息不对称指信息在相互对应的经济个体之间呈不均匀、不对称的分布状态，即有些人对关于某些事情的信息比另外一些人掌握得多一些。信息不对称会造成两种后果，一种是逆向选择，另一种是道德风险。信息不对称理论是指在市场经济活动中，各类人员对有关信息的了解是有差异的。掌握信息比较充分的人员，往往处于比较有利的地位，而信息贫乏的人员，则处于比较不利的地位。信息不对称是经济领域普遍存在的一个经济现象。该理论认为，市场中卖方比买方更了解有关商品的各种信息；掌握更多信息的一方可以通过向信息贫乏的一方传递可靠信息而在市场中获益；买卖双方中拥有信息较少的一方会努力从另一方获取信息；市场信号显示在一定程度上可以弥补信息不对称的问题；信息不对称是市场经济的弊病，要想减少信息不对称对经济产生的危害，政府应在市场体系中发挥强有力的作用。

农业产业化经营中"公司＋农户"模式最为常见。这种发展模式通过"商品契约"实现公司与农户之间的有效联结，既促进了农民增收，又满足了企业发展农产品加工销售的规模要求，给契约双方带来了利益。然而在实际运作过程中，公司与农户之间的契约不稳定，双方经常出现违约现象，影响农业产业化经营发展。由于个人的有限理性,外部环境的复杂性和未来的不确定性,信息的不对称和不完全性,会产生不完全契约。在"公司＋农户"模式中,双方拥有的信息无论在数量上还是在质量上,都是完全不对等的,容易造成公司欺骗农户的行为,致使该模式发展受阻。

三、农业产业化的发展方向

农业产业化是市场经济的产物,产生于市场,从诞生起就面对市场发展的机遇和市场带来的挑战。当前,在社会主义新农村建设和实现全民族共同富裕的新条件下,农业产业化面临极大的发展机遇,同时,也面临许多挑战。农业产业化发展必须彻底抛开传统农业发展的思维约束,向组织一体化、生产集约化、分工专业化、关联紧密化、服务社会化等方向发展。

(一) 市场化

没有市场也就没有农业产业化。我国农业产业化是在确立社会主义市场经济体制的基础上孕育产生的,农业产业化必须依靠市场改变传统农业的小农经济自给自足、自我服务的封闭式发展模式,必须面向市场,走资源合理配置、生产要素优化组合、生产资料和产品购销等靠市场机制进行基础性调节与配置。

(二) 专业化

我国农业产业化必须向农业生产专业化方向发展。目前,随着我国农业产业的不断发展,农业生产、加工、销售、服务等社会分工也日益发达。社会分工越发展,商品经济越兴旺,个别地区或个别生产单位的生产内容越趋向单一,农业专业化水平越高。专业化可以使每一种农产品都将原料、初级产品、中间产品制作成为最终产品进入市场,从而有利于提高产业链的整体效率和经济效益。

(三) 规模化

生产经营规模化是农业产业化的必要条件,生产基地和加工企业只有达到相当的规模,才能增强辐射力、带动力、竞争力,才能提高规模效益,达到产业化的标准。实现生产应景规模化的要求包括:一是农产品原料基地具备一定的规模。为适应日趋激烈的市场竞争,扩大农产品加工原材料供给,要积极鼓励和引导农民发展专业合作经济组织,提高农业的组织化程度,扩大农产品生产基地规模。二是企业要具有一定的规模。只有农产品加工企业具有一定规模,企业才具有带动能力和市场竞争力。各级政府应该通过资源整合,把散、小、弱的企业整合为企业集团,成为带动能力强的龙头企业，实行跨行业、跨地区、跨所有制经营，提高企业的抗风险能力和市场竞争力。

（四）一体化

农业产业一体化是农业产业化的实质，是龙头企业的经营方式、战略手段，具有两方面的含义。一层含义是指龙头企业采用的经营组织形式，即在一个或数个产品连续的生产和流通阶段，龙头企业同时从事连续的两个或者两个以上阶段的生产和流通活动；另一层含义是指龙头企业采取的经营手段，即在一个或数个产品连续的生产和流通阶段，龙头企业利用兼并或者增添新的设备介入其他阶段生产或流通活动。通俗地讲，农业产业一体化就是产业链条形成产加销一条龙、贸工农一体化经营，把农业的产前、产中、产后环节有机地结合起来，形成"龙"型产业链。

（五）社会化

农业产业化经营的社会化服务是农业产业化区别于传统农业经营模式的重要标志。它把农业生产经营过程中诸多服务职能分离出来，这些服务职能分别由各类社会组织承担，为农业产业化链条上的各单位提供专业化、全程化的服务。农业产业化水平决定社会化服务水平，反过来，社会化服务对农业产业化发展起重要促进作用。社会化服务的内容越多，服务范围越广，反映农业产业化发展的程度就越深。农业产业化发展先进的国家，其社会化服务体系也越完善。

为此，我国必须加快建设适合我国国情的社会化服务体系，要坚持政府扶持和市场机制相结合，充分发挥各级党委、政府的组织优势，以社会化组织为主体，构建多元化、多层次的农村社会化服务体系。在社会化服务体系建设中，要以政府支撑为保障，以市场运行机制为原则，以经济效益为中心，以农产品产前、产中、产后服务为重点地建立健全适合我国的社会化服务体系。

（六）标准化

农业产业化标准体系建设应在现有的国家标准、行业标准、地方标准的基础上，参照相关国际标准，制定包括从农产品加工原料生产环境、生产过程、产品品质、加工、包装等各个环节的标准，把农业产业链的每一个环节都纳入标准化管理的轨道，形成完备的全过程的标准指标体系。因此，农业产业标准化体系建设是一个系统性工程。完整的农业产业化标准体系应该包括农产品（或特色农产品）产地环境质量标准、农产品质量标准、农业监督检测标准、农业产业加工标准、农业产业产品质量标准、农业产业产品包装标准及其相关标准。

(七) 区域化

农产品加工原料基地建设，首先应打破行政区划界限，要以企业需求为坐标，根据农业产业规模化发展需要，充分利用区域资金、品牌、资源优势，以产业经营理念和方式扩建原料基地，实施区域内的特色农业资源整体规划，统一开发。对同类产品的生产加强跨区域合作，扩大区域内资源规模，为农产品加工业提供源源不断的原料支持。农业产业区域化发展就是将农业产业化的农副产品生产集中在一定区域范围内，形成比较稳定的区域化的生产基地，以防生产布局过于分散造成管理不便和生产不稳定，便于规模化生产与管理。

第二节 农业产业结构

一、农业产业结构的概念与基本关系

(一) 农业产业结构的概念

农业产业结构也称为农业生产结构，是指在一定地域（国家或地区或农业企业）范围内农业各生产部门及其各生产项目在整个农业生产中相对于一定时期、一定的自然条件和社会经济条件所构成的特有的、比较稳定的结合方式。简单地说，农业产业结构就是指农业各产业部门和各部门内部的组成及其相互之间的比例关系。

(二) 农业产业结构的基本关系

不论农业产业部门如何发展，农林牧始终是农业生产的基本部门。农业各产业部门之间存在着错综复杂的关系，但其主要的、本质的关系是通过农林牧三者之间的关系反映出来的。农牧结合的客观依据是由它们之间的物质互换性决定的。在农业各生产部门的内在关系中，存在着彼此利用对方产品的物质能量转化的关系，而农牧业两个部门的结合是最典型的。

种植业是农业各部门有机物质的合成部门，有了种植业的发展，才有畜牧业和农业其他部门的存在和发展。因此，种植业部门始终处于农业各部门的基础地位。

畜牧业是农业部门中不可缺少的中间环节，它可以将人们能够或不能够直接利用的有机物质转化为具有更高营养价值和经济价值的畜产品，而牲畜的排泄物及其无法利用的部分又可以转变为优质肥料，返还土壤，为发展种植业创造良好的

条件。

林业对于农牧业的作用不仅在于林产品本身，更重要的是林木植物群落在其生命活动的过程中会引起一系列环境因子的变化，如调节大气温度、提高空气湿度、改变大气组成、降低风速、保持水土等，从而可以为农牧业生产发展提供良好的生态环境。

二、农业产业结构基本特征

（一）整体性

农业产业结构是各种自然再生产过程和经济再生产过程的交织，尽管农业产业结构也可以适应各种需要而分解为许多侧面和层次，但仍然是一个有机整体。孤立研究某个侧面只会获得局部的片面结果，农业产业结构的整体性，要求从整体观念出发，加强对农业产业结构的系统性研究。

（二）多层次性

农业产业结构是多层次的主体结构，它的多层次性表现在农业生产是社会物质生产的一个重要部门，由于劳动对象、劳动工具和生产过程的不同，又分为互相区别、互相联系的不同部门。因此，农业产业结构是一个多层次的复合体。无论是从全国还是从一个地区或一个企业考察，农业产业结构都具有多层次性。从部门来说，一般可以划分为农、林、牧、渔各业，称之为一级产业结构。在一级结构的每个产业部门内部，因产品性质和生产过程不同，又可划分若干小的生产部门，称之为二级产业结构。如种植业内部可分为粮食作物、经济作物和饲料作物生产部门；畜牧业内部可分为养猪业、养牛业、养羊业、养禽业等。在二级生产结构内部，又可以根据产品种类和经济用途不同而划分为若干种类，称之为三级生产结构。如粮食作物可分为玉米、小麦、水稻、薯类等；养牛业可分为肉牛和奶牛等。总之，农业产业结构随着生产的发展和社会分工的扩大，有划分得越来越细的趋势。农业产业结构的多层次性研究，对于充分利用多种多样的自然资源和经济资源，发挥地区优势，合理利用各产业的中间产品和副产品，提高劳动生产率和土地生产率以及提高经济效益都有重要意义。

（三）动态性

多种多样的农业产业结构受一定的时间、空间条件的影响，随着时间、空间条件的运动变化，农业产业结构也在不断地发生着变化，一成不变的农业产业结构是不存在的,研究农业产业结构的动态规律是农业经济学的基本研究任务之一。

但是,农业产业结构总是具有一定的相对合理性和相对稳定性。它的形成和发展与当时各种经济因素、自然环境因素有着直接关系。因此,调整农业产业结构,要从客观实际出发,因势利导,既要注意农业产业结构的整体性、多层次性、动态性,又要保持农业产业结构的相对稳定性。这样,才能使农业产业结构始终保持良性循环。

三、农业产业结构形成和发展的条件

(一)生产力水平是农业产业结构形成和发展的主要条件

不同的农业产业结构是一定时期生产力水平提高到不同程度的产物。人类历史表明,生产力的发展进程决定产业结构的发展进程。农业时代,虽然实现了从原始农业到现代农业的进步,形成了农业与畜牧业、手工业、商业的分离,但粮食生产依然是主要的产业部门,生产规模狭小、产量低、自给自足就是最明显的时代特征。进入工业化时代以后,农业机械、化肥、良种等现代农业生产要素越来越多地投入农业生产当中,劳动生产率和土地生产率的提高为饲料作物、经济作物,特别是畜牧业的发展奠定了基础。农业生产力水平的差异也进一步加大了农业产业结构的地区差异。

(二)需求是农业产业结构形成和发展的前提条件

在市场经济条件下,人们对农产品的需求就是生产的导向,也就是农业产业结构形成和发展的前提条件。根据人们对农产品的需求来安排农业生产,可以使生产出来的农产品较为顺利地进入流通和消费领域,并实现其价值增值。人们需求的多样性也使农业产业结构保持了多样性。当前,人们除了对农产品的基本需求以外,还逐渐增加了对生态环境和农产品质量安全的需求,对这些需求由于存在着全部或部分市场机制失灵,因而需要政府通过一定的政策手段使其农业的外部性内部化,使其农业产业结构满足农业多功能性的要求。

(三)地理环境是农业产业结构形成和发展的基础条件

地理环境包括地形、地貌、气候、河流、土壤、植被等自然要素,它们相互联系、相互制约,形成一个有机整体。地理环境中一系列资源的组成特点、时空分布及其功能在一定程度上制约和决定了各产业的内部结构和外部联系,决定了产业结构模式在地域上的差异性。与工业生产不同,农业生产严重地依赖自然环境。农业生产结构形成和发展必须因地制宜，充分考虑和利用当地的自然资源和环境条件，只有这样，才能提高农业生产效率，以较低的生产成本提供优质的农产品，并取得更好的经济效益。

（四）劳动力是农业产业结构形成和发展的内在条件

农业产业结构发展的过程离不开劳动过程的三要素：劳动力、劳动资料和劳动对象。其中农业劳动力因素起主导地位，没有农业劳动力的参与，就没有农业产业结构层次的提升。随着农业劳动生产率的提高，农业劳动力先是相对地减少，接下来是绝对地减少，但现代农业的发展对农业劳动力的素质提出了越来越高的要求。较高的农业劳动力素质可以更好地依据本地所拥有的土地等自然资源，在一定的技术条件下使用现代的农业生产要素，生产出符合市场需求的农产品，进而形成一个能够充分利用各种资源条件的高效农业产业结构。

（五）资金是农业产业结构形成和发展的基本条件

农业产业结构形成和发展的过程，也就是农业向集约化方向发展和农业资本有机构成不断提高的过程，即资本对农业劳动力和土地等传统生产要素的逐步替代，农业产业结构的提升需要越来越多的资金投入。其资金来源一是农户可支配收入的一部分，二是信贷资金，三是可能的政府财政补助。只有有了较为充足的资金，才能增加各种生产要素的活性，促进分工和专业化，形成新的生产力，改善农业产业结构。因此，农业产业结构的形成和发展速度，在很大程度上取决于农业资金的配置和增长速度。

（六）科学技术是农业产业结构形成和发展的动力条件

科学技术是农业生产力发展的源泉和动力。首先，科学技术为提高农业各产业生产要素的功能和协作程度提供了依据和保证。农业劳动者的劳动生产能力与掌握的科学技术知识成正比。劳动工具的不断更新，也是因为科学技术的不断进步。劳动对象规模和效能的扩大，同样离不开科技进步。其次，科学技术进步加快了旧有农业产业部门的改造和新产业部门的建立。最后，科技进步促使农业产业新格局的实现。农业产业结构要经常保持优化，必须随科学技术的发展而发展。在现代条件下，农业产业结构发展的进程，首先取决于应用科学进步成果的程度。

除上述条件外，农业政策、金融政策、财政政策、价格政策、环境政策等对农业产业结构的形成和发展也会产生重要的影响。

四、农业产业结构演进趋势

农业产业结构不是一成不变的,而是处于经常变动之中。一个国家、一个地区、一个企业产业结构的形成和变化,从现象上看似乎是取决于人的主观愿望和选择,实际上它始终受到许多因素的制约,具有客观性。只有人们的主观判断符合客观规律时,其选择才能获得预期的效果。在多种因素的共同作用下,农业产业结构变动具有如下趋势性。

(一) 在农业产业结构中畜牧业所占比重逐步增大

从食品的需求弹性来看,较为低级食品(主要是植物类产品)的需求弹性较小,而高级保护性食品(主要是动物类产品)的需求弹性较大。因此,随着人均收入水平的提高,对较高级食品的需求将与日俱增。需求变化必然引起农业产业结构的变化,即从种植业为主,向种植业与畜牧业并举,再到以畜牧业为主的逐步过渡。从发达国家农业现代化过程来看,农业产业结构变革最明显的就是畜牧业生产占有越来越大的比重,其发展速度远远超过了种植业,从而使畜牧业在整个农业产业结构中占有重要地位。在畜牧业中,提供低脂肪、高蛋白畜产品的畜牧比重日益增加。

(二) 在种植业中饲料生产所占比重逐步增大

随着人们需求从低级食品向高级食品的转换,畜牧业得以较快的发展,进而导致对饲料需求的不断增长,在种植业生产的粮食越来越多地被用作饲料的同时,饲料作物的栽培迅速增加。种植业由原来以粮食作物和经济作物为代表的二元结构逐步转变为以粮食作物、饲料作物和经济作物为格局的三元结构。目前在世界粮食总产量中,居民口粮只占60%,饲料粮占40%。

(三) 在种植业中经济作物所占比重逐步增大

随着社会经济的发展,工业对棉花、天然橡胶、糖料、药材等原料性经济作物的需求逐步增大;随着经济生活水平的提高,人们对蔬菜、水果、花卉等的需求也在增加。这使种植经济作物的经济效益可能好于一般粮食作物,从而引起经济作物在种植业中所占的比重增大。

(四) 农业区域专业化与产业集聚

随着社会经济的发展和科学技术的进步,农业生产在区域上出现了专业化。农业区域专业化是指在一定的农业地域范围内,具有比较优势和竞争优势的某类或某个农业产业得到了长足的发展，成为当地的主导产业。作为组织农业生产的一种有效组织形式，农业区域专业化有利于促进自然资源、经济技术条件的合理利用，提高农产品数量与质量，提高劳动生产率和农产品商品率，是一个国家农业现代化的一个重要标志。在农业区域专业化的基础上，还可能会出现农业产业集聚。农业产业集聚是指在某一个特定区域内，相当数量联系密切的农户、专业合作社、公司和科技、金融等服务部门高度集中，围绕区域专业化的优势产业，开展相关农业生产资料供给、资金技术服务、产品储藏加工、品牌塑造营销、农业产业化经营等现代农业产业发展模式。农业区域专业化和产业集聚的发展可以产生诸多效应，如规模经济与范围经济效应、产品增值和就业增加效应、资源及生产要素的凝聚效应、一业为主多种经营协同效应、经济社会生态可持续发展效应等。

（五）粮食生产的基础性地位受到国家政策的保护

专业化与多部门经营的发展速度在很大程度上取决于粮食发展水平。就全国范围而言，农业的全面发展，并不意味着农业各生产部门的地位是相等的。在所有的农业产业部门中，粮食生产部门具有特殊的重要地位。这是因为，首先，粮食是最基本的生活资料，人们只有满足了粮食的需求之后，还有多余的耕地、劳力和生产资料，才有可能用来发展粮食以外的其他生产部门；其次，畜牧业及渔业的发展必须建立在粮食及饲料发展的基础之上；最后，粮食安全关系到整个社会经济的稳定。因此，当粮食生产在农业中的比较效益不断下降、在种植业中的比重不断下降等情况下，很多国家都对粮食生产采取了保护性政策措施，如关税和价格保护、农业投入要素和农业基础设施建设补贴、粮食储备等。

（六）在农业产业结构发展演变中林业受到国家的保护支持力度最大

森林不仅具有重要的经济功能，而且还具有重要的生态和社会文化功能。森林的经济功能主要是为人类提供多种林产品，满足人类的物质需要。在农业和整个生态系统中，森林是地球表面陆地生态系统的主体。森林生态系统在调节气候、涵养水源、防风固沙、保持水土、改良土壤、净化大气、防治水体污染、固碳放氧、改善环境等多方面的多种生态防护效能是不可替代的。同时森林还具有吸尘、降低空气污染、减低噪声等功能，是人们休闲和旅游的重要场所和去处，因而衍生出很多社会文化功能。森林经济功能的发挥需要几年或几十年的投资才能见效，其生态功能和社会文化功能发挥具有很强的正外部性，并且人们普遍认为森林覆盖率达到30%以上，有利于农业形成一个稳定的自然生产环境。因此，对林业的支持和保护，稳定和增加森林的覆盖率，使森林所有者和经营者的生产经营行为符合社会和生态发展的需要，成为很多国家的政策取向。

第三节　农业产业布局

一、农业产业布局的概念

农业产业布局，是指各国各地区的农业各部门（农、林、牧、副、渔）、各个生产项目、作物门类的计划、安排及其在一定地域范围的配置和组合。实际上包含两方面的意思：一是某个农业部门或门类、项目生产的地域分布；二是各个农业部门、门类、项目的生产在一定地域范围内互相联系、互相制约、互相组合的方式。

农业产业布局是乡村地区农业生产的计划、安排及未来发展在地域上的反映，是人类社会自出现农业生产活动以来就存在的一种社会经济现象。合理的农业布局要求农业各部门、门类、项目尽可能分布在条件最优越的地区，并且每个地区内的农业各部门、门类、项目又保持着合理的比例，有机结合，相互促进，协调发展。

农业产业布局受自然、技术、社会、经济等多种因素的影响和制约，并经历着历史演变过程。封建社会因生产力水平低下，利用改造自然的能力又很薄弱，故农业布局表现为分散性和自给自足性；资本主义社会时期，随着社会生产力的提高，人们利用改造自然的能力大大增强，交通运输发达，农业布局往往表现为农业生产地域专业化和商品化；在社会主义条件下，通过国家计划和市场调节，农业布局趋向各地区的合理分工和农业各部门的合理结合，并逐步由自给、半自给性生产转向较大规模的商品性生产，由单一农业经营转向农工商相结合的综合经营。

二、农业产业布局的内容

（一）生产条件评价

农业生产条件评价是从农业生态和生产的要求出发，对其环境条件的有利与不利方面以及对农业生产的影响程度进行综合分析评价。包括生产自然条件、社会经济条件和技术装备条件评价等。生产自然条件评价又包括光热、水分、土地和生物条件评价等；社会经济条件评价包括社会经济发展历史、人口劳动力、交通运输、工业和城镇基础条件评价等；技术装备条件评价包括农业技术装备、技术水平和劳动素养评价等。

农业生产条件评价是农业布局的前提，没有对这些条件的评价，就无法安排农业生产，也就无从进行农业布局。

（二）农业总体布局

农业总体布局是以一定的乡村区域为基本单位，是从全局的角度出发，通过全面分析乡村区域内自然资源条件、社会经济和技术条件的现状和改造或改良的可能性，确定区内农业主导部门和次要部门，合理安排各种农业生产活动的位置、强度与关系，高效配置资金、技术、劳动力等生产要素，并按照主导产业发展的要求以适当比例发展相关产业，提高农业生产率，在乡村区域内建立一个主次结合、相互支撑、生态平衡的高效农业生产系统。农业总体布局的核心是合理安排乡村区域的农业经济结构。

（三）农业部门布局

农业部门布局是在分析农业现状的基础上，从乡村各农业部门的生产特点出发，根据其环境要求，结合各乡村地区的生产条件，选择适宜区域，并通过研究各部门的分布状况、发展变化特点和存在问题，确定乡村农业各部门的发展方向、规模、水平、分布与增产途径的布局方案。

三、农业产业布局的因素

影响农业产业布局的因素包括自然条件、技术条件和社会经济条件等，其中最直接的是自然条件。但是很少有一个地区的自然条件只适合发展一种作物，大部分地区存在着发展多种作物或部门的可能性。在这种情况下，往往就要由技术条件来决定，同时还要根据社会经济条件和生产力发展水平，根据主要农业部门或作物的经营特点，去综合评价各种条件的优劣和相对的利用价值。

四、农业生产布局的优化途径

（一）重视农业与其他产业的协调与配合

从国家和地区战略层面来看，农业是其他产业发展的基础，必须从宏观层面对第一产业、第二产业、第三产业等做好合理布局，以提高资源利用率，增加各产业的经济和社会效益。

（二）促进农业的地域分工和专业化生产

根据我国实际情况，按照因地制宜、适当集中原则，有计划地按地域建立一批农产品商品基地和优势农产品产业带，提高农业生产的专业化水平，既有利于迅速扩大商品农产品生产，保证社会需求，也有利于充分利用资源，发挥区位优势，提高经济效益。农业生产的区域专业化，是农业合理布局的表现，专业化的发展过程，也是农业布局合理化的过程。农业的专业化生产是农业生产布局演变的必然趋势，专业化水平的提高必将导致农业布局的变化。

（三）不放松粮食生产，积极发展多种经营

我国人口众多，在国民经济发展全局中，粮食始终被视为特殊商品和战略物资。随着人口增长以及人民生活水平的提高，我国的粮食需求总量将保持刚性增长趋势，未来粮食供给的压力会越来越大。实现粮食安全是一项长期、艰巨的任务，绷紧粮食安全这根弦，常抓不懈，是我们的一项基本国策。在调整农业的布局结构时，应特别注意粮食的安全生产与供应，建设好商品粮基地。同时，应积极开展多种经营，以建立合理的农业产业结构和良好的生态系统，推动农林牧渔各业持续协调发展。

（四）强化市场导向，发展适销对路的农业生产项目

社会经济联系的整体性决定了农业生产布局不能仅从农业部门发展出发，还必须考虑一定时期内的市场需求，特别是一定时期内的城市需求，即非农业需求。农业生产布局要坚持农、工、商一体化思想以及城乡一体化思想，以城市和市场为中心成为市场经济条件下农业生产布局的鲜明特点。

（五）重视农业科学技术研发，强化科技支撑

当前，科学技术在世界农业领域得到了广泛应用，新的农业科技革命正在蓬勃兴起。一是以"全球卫星定位系统"为代表的高科技设备应用于农业生产，这将大大提高农业的生产水平；二是树立"互联网＋"思维，借助互联网电子商务平台可以优化农产品产、供、销网络布局提高农产品流通效率；三是以基因工程为核心的现代生物技术应用于农业领域，将培育出更多产量更高、质量更优、适应性更强的新品种，使农业的生产布局突破原有自然资源条件约束，越来越多地受到人类的直接控制。

第四节 农业产业的发展

一、农业产业发展的重点任务

农业产业发展任务艰巨，不同产业的功能定位不尽相同，要准确把握发展目标

和方向，突出四个重点任务。

（一）保障农产品有效供给

保障国家粮食和重要农产品供给安全，是乡村产业发展的第一要义。要巩固提升粮食等重要大宗农产品生产能力，确保国家粮食安全。调整优化农业结构，推进农业由增产导向转向提质导向，立足农村资源禀赋优势，大力发展农产品加工业、休闲农业、乡村旅游、劳动密集型加工制造业、生产性和生活性服务业，提高农业供给体系质量与效率，满足居民日益增长的绿色优质物质产品和生态文化等精神产品需求。

（二）保持生态涵养

要坚持绿色发展理念，大力推行绿色生产生活方式，统筹山水田林湖草系统治理。强化政府与市场主体的生态环境保护意识，加强对可能产生污染的重点领域、重点产业监管，强化产业内部重点环节环境风险管控，应用先进适用的环保技术设备，尽可能降低对环境的负外部性。发挥乡村生态优势，大力发展乡村绿色生态环保产业，加强乡村资源回收利用和污染治理，将绿水青山打造成金山银山。

（三）带动农民就业增收

要以人民为中心，把产业发展落到促进农民增收上来，当前，我国仍有数以亿计的人口留在农村，他们生产、生活都需要产业支撑。乡村产业发展必须担负起创造稳定乡村就业的功能，实现农民更高质量就业，密切与农民的利益联结，促进农民收入持续快速增长。应大力发展乡村非农产业，充分发挥其带动就业、促进就业方面的显著作用。

（四）促进城乡融合发展

要立足城乡不同资源禀赋优势，通过产业错位布局、协同配合，整合城乡各类生产要素，实现城乡融合发展。一方面，要加强城乡产业之间的衔接和配套，将城市产业的部分配套产业如原材料生产和初加工等放在乡村，乡村产业的部分配套产业如产品设计、终端销售和配送等放在城市，充分发挥城乡比较优势，产业各个环节优化布局，实现互促共进双赢。另一方面，要加快引导城市的先进生产要素如人才、资金、技术、管理、信息等进入乡村产业，提升乡村产业发展能力与水平，开辟更广阔的空间，通过产业发展一体化，有效缩小城乡差距。

要高度重视我国乡村产业层次较低、资源利用较为粗放、对人才资金技术等要素的吸引力不强、经济效益相对低下等发展质量问题。当前和今后一个时期，要以推动乡村产业高质量发展为主线,进一步明确和细化乡村产业发展战略目标。着眼于增强产业实力,加强龙头带动,培育规模以上工业企业和农业产业化龙头企业,提升产业竞争力;加快推进提质增效,提高单位面积经济密度,提高资源利用率、劳动生产率;优化产业结构,提高主导产业产值比重,增强就业增收带动能力。着眼于增强产业内生动力方面,强化体制机制创新,引进乡村外部的人才、资本和管理理念,建立合理的利益联结机制;加快新产品开发和新技术新模式应用,多渠道开拓市场,多元化培育新产业新业态,促进产品服务价值实现;注重科技创新、扩大研发支出规模,提高全要素生产率。着眼于增强产业可持续发展能力,倡导绿色发展理念,注重节约资源、保护环境、造福社会、和谐发展,降低单位产出能源资源消耗,增加环境保护投入,降低污染物排放水平,实现污染物达标排放,鼓励发展清洁生产,加强废弃物处理和资源化利用,不断提高生态效益和社会效益。

二、推进农业产业发展的具体举措

(一) 优化涉农企业家成长发育的环境

推进乡村产业振兴,必须注意发挥涉农企业家的骨干甚至"领头雁"作用。加快构建现代农业产业体系、生产体系、经营体系,推进农村一二三产业融合发展,提高农业创新力、竞争力和全要素生产率,新型农业经营主体、新型农业服务主体的作用举足轻重。它们往往是推进质量兴农、绿色兴农、品牌兴农、服务兴农的生力军,也是带动农业延伸产业链、打造供应链、提升价值链的"拓荒者"或"先锋官"。发展多种形式的农业适度规模经营,也离不开新型农业经营主体、新型农业服务主体的积极作用和支撑带动。这些新型农业经营主体、新型农业服务主体带头人,往往是富有开拓创新精神的涉农企业家。各类投资农业农村产业发展的城市企业、工商资本带头人,往往资金实力强,发展理念先进,也有广阔的市场和人脉资源。他们作为企业家,不仅可以为发展现代农业、推进农业农村产业多元化和综合化发展,带来新的领军人才和发展要素;还可以为创新农业农村产业的发展理念、组织方式和业态、模式,为拓展和提升农业农村产业的市场空间、促进城乡产业有效分工协作提供更多的"领头雁",更好地带动农业农村延伸产业链、打造供应链、提升价值链。推进乡村产业兴旺,为许多乡村新产业、新业态、新模式的成长带来了"黄金机遇期",也为城市企业、工商资本参与乡村建设提供了可以发挥比较优势、增强竞争优势的新路径。如在发展农业生产性服务业和乡村旅游业时,城市企业、工商资本具有较强的比较优势。

支持各类企业家在推进乡村产业振兴中建功立业，关键是优化其成长发育的环境，帮助其降低创新创业或推进产业兴旺的门槛、成本和风险。要结合农业支持政策的转型，加强对新型农业经营主体、新型农业服务主体的倾斜性、制度化支持，引导其将提高创新力、竞争力、全要素生产率和增强对小农户发展现代农业的带动作用有机结合起来。要结合构建农村一二三产业融合发展体系和加快发展农业生产性服务业，鼓励专业大户、家庭农场、农民合作社、农业产业化龙头企业等新型农业经营主体或农业企业、农资企业、农产品加工企业向新型农业服务主体或农村产业融合主体转型，或转型成长为农业生产性服务综合集成商、农业供应链问题解决方案提供商，带动其增强资源整合能力、要素集成能力、市场拓展提升能力，进而提升创新力和竞争力，成为推进乡村产业兴旺的领军企业或中坚力量。结合支持这些转型，引导传统农民、乡土人才向新型职业农民转型，鼓励城市人才或企业家"下乡"转型为新型职业农民或农业农村产业领域的企业家。

要结合支持上述转型，鼓励企业家和各类新型经营主体、新型服务主体、新型融合主体等在完善农业农村产业利益链中发挥骨干带动作用。通过鼓励建立健全领军型经营（服务）主体—普通经营（服务）主体—普通农户之间，以及农业农村专业化、市场化服务组织与普通农户之间的利益联结和传导机制，增强企业家或新型经营主体、新型服务主体、新型融合主体对小农户增收和参与农业农村产业发展的辐射带动力，更好地支持小农户增强参与推进乡村产业兴旺的能力和机会。近年来，各地蓬勃发展的各类复合型农村产业融合组织，部分高效生态循环的种养模式、部分"互联网＋""旅游＋""生态＋"模式，也在让农民特别是小农户合理分享全产业链增值收益和带动农民提升发展能力方面进行了积极尝试。要注意引导其相互借鉴和提升，完善有利于农户特别是小农户增收提能的利益联结机制。

（二）引导督促城乡之间、区域之间完善分工协作关系

发展现代农业是推进乡村产业振兴的重点之一，但如果说推进乡村产业振兴的重点只是发展现代农业，则可能有些绝对。至少在今后相当长的时期内，就总体和多数地区而言，推进乡村产业振兴要着力解决农村经济结构农业化、农业结构单一化等问题，通过发展对农民就业增收具有较强吸纳、带动能力的乡村优势特色产业和企业，特别是小微企业，丰富农业农村经济的内涵，提升农业农村经济多元化、综合化发展水平和乡村的经济价值，带动乡村引人才、聚人气、提影响，增加对城市人才、资本等要素"下乡"参与乡村振兴的吸引力。因此，推进乡村产业振兴，应该采取发展现代农业和推进农业农村经济多元化、综合化"双轮驱动"的方针，

二者都应是推进乡村产业振兴的战略重点。当然，发展现代农业要注意夯实粮食安全的根基，也要注意按照推进农业结构战略性调整的要求，将积极推进农业结构多元化与大力发展特色农业有效结合起来。

推进农业农村经济多元化、综合化，要注意引导农村一二三产业融合发展，鼓励农业农村经济专业化、特色化发展；也要注意引导城市企业、资本和要素下乡积极参与，发挥城市产业对乡村产业高质量发展的引领辐射带动作用。但哪些产业或企业适合布局在城市，哪些产业或企业适合布局在乡村或城郊地区，实际上有个区位优化选择和经济合理性问题。如果不加区分地推进城市企业进农村，不仅有悖于工业化、城镇化发展的规律，也不利于获得集聚经济、规模经济和网络经济效应，从而影响乡村经济乃至城乡经济的高质量发展。按照推进乡村振兴和区域经济高质量发展的要求，适宜"下乡"的企业应具有较强的乡村亲和性，能与农业发展有效融合，能与乡村或农户利益有效联结，有利于带动农业延伸产业链、打造供应链、提升价值链；或在乡村具有较强的发展适宜性、比较优势或竞争力，甚至能在城乡之间有效形成分工协作、错位发展态势。如乡村旅游业、乡村商贸流通业、乡村能源产业、乡村健康养生和休闲娱乐产业、农特产品加工业、乡土工艺品产销等乡村文化创意产业、农业生产性服务业和乡村生活性服务业，甚至富有特色和竞争力的乡村教育培训业等。当然，不同类型地区由于人口特征、资源禀赋、区位条件和发展状况、发展阶段不同，适宜在乡村发展的产业也有较大区别。

需要注意的是，推进农业农村产业多元化、综合化发展，与推进农业农村产业专业化、特色化并不矛盾。多元化和综合化适用于宏观层面和微观层面，专业化和特色化主要是就微观层面而言的，宏观层面的多元化和综合化可以建立在微观层面专业化、特色化的坚实基础之上。通过推进农业农村产业多元化、综合化、专业化、特色化发展，带动城乡各自"回归本我、提升自我"，形成城乡特色鲜明、分工有序、优势互补、和而不同的发展格局。

要大力发展文化、科技、旅游、生态等乡村特色产业，振兴传统工艺。培育一批家庭工场、手工作坊、乡村车间，鼓励在乡村地区兴办环境友好型企业。依托这些产业推进农业农村经济多元化、综合化，都容易形成比较优势和竞争力，也容易带动农民就业创业和增收。有些乡村产业的发展，不仅可以促进农业农村经济多元化、综合化、专业化、特色化发展，还可以为"以工促农""以城带乡"提供新的渠道，应在支持其发展的同时，鼓励城市产业更好地发挥对乡村关联产业发展的引领带动作用。如鼓励城市服务业引领带动农业生产性服务业和乡村生活性服务业发展。当今世界，加强对农产品地产地消的支持已经成为国际趋势。不仅与我国资源禀赋类似的日、韩等国早已注意到这一点，与我国资源禀赋迥异的美国在农业政策的演变中也呈现类似趋势。形成这种趋势的一个重要原因是，支持农产品地产地消可以带动为农场、企业提供服务的储藏、加工、营销等关联产业发展，并通过促进农产品向礼品或旅游商品转化，带动农业价值链升级。这是按照以工促农、以城带乡、城乡融合、互补共促方向构建新型工农城乡关系的重要路径。但有些城市产业"下乡"进农村可能遭遇"水土不服"，导致发展质量、效益、竞争力下降，不应提倡或鼓励。至于有些产业"下乡"，容易破坏农村资源环境和文化、生态，影响可持续发展，对于这些产业的城市企业"下乡"，不仅不应鼓励，还应通过乡村产业准入负面清单等，形成有效的"屏蔽"机制，防止其导致乡村价值的贬损。

我国各地乡村资源禀赋各异，发展状况和发展需求有别。随着工业化、信息化、城镇化和农业现代化的推进，各地乡村发展和分化走势也有较大不同。在此背景下，推进乡村产业兴旺也应因地制宜、分类施策，在不同类型地区之间形成各具特色和优势、分工协作、错位发展的格局。

(三) 加强支撑乡村产业振兴的载体和平台建设

近年来，在我国农业农村政策中，各种产业发展的载体和平台建设日益引起重视。如作为产业发展区域载体的粮食生产功能区、重要农产品生产保护区、特色农产品优势区、现代农业产业园、农村产业融合发展示范园、农业科技园区、电商产业园、返乡创业园、特色小镇或田园综合体、涉农科技创新或示范推广基地、创业孵化基地，作为产业组织载体的新型农业经营主体、新型农业服务主体、现代农业科技创新中心、农业科技创新联盟和近年来迅速崛起的农业产业化联合体、农业共营制、现代农业综合体等复合型组织，以及农产品销售公共服务平台、创客服务平台、农特产品电商平台、涉农科研推广和服务平台等。这些产业发展的载体或平台往往瞄准了影响乡村产业振兴的关键环节、重点领域和瓶颈制约，整合资源、集成要素、激活市场，甚至组团式"批量"对接中高端市场，实现农业农村产业的连片性、集群化、产业链一体化开发，集中体现现代产业发展理念和组织方式，有效健全产业之间的资源、要素和市场联系，是推进农业质量变革、效率变革和动力变革的先行者，也是推进农业农村产业多元化、综合化发展的示范者。以这些平台或载体建设为基础推进产业振兴，不仅有利于坚持农业农村优先发展和城乡融合发展，还可以为推进乡村产业振兴和乡村振兴的高质量发展提供支持，为深化相关体制机制改革提供试点试验和示范窗口，有利于强化城乡之间、区域之间、不同类型产业组织之间的联动协同发展机制。

前述部分载体和平台的建设与运营，对于推进产业振兴甚至乡村振兴的作用，甚至是画龙点睛的。如许多地方立足资源优势推进产业开发，到一定程度后，公共营销平台、科技服务平台等的建设往往成为影响产业振兴的瓶颈，对于增加的产品供给能在多大程度上转化为有效供给，对于产业发展的质量、效益和竞争力，往往具有关键性的影响。如果公共营销平台或科技服务平台建设跟不上，立足资源优势推进产业开发的过程，就很容易转化为增加无效供给的过程，借此不仅难以实现推进产业振兴的初衷，还可能形成严重的资源浪费、生态破坏和经济损失。在此背景下，加强相关公共营销平台或科技服务平台建设，往往就成为推进乡村产业振兴的"点睛之笔"。对相关公共营销平台或科技服务平台的建设，通过财政金融甚至政府购买公共服务等措施加强支持，往往可以收到"四两拨千斤"的效果。

（四）以推进供给侧结构性改革为主线，推进农业农村产业体系、生产体系和经营体系建设

推进供给侧结构性改革，其实质是用改革的办法解决供给侧的结构性问题，借此提高供给体系的质量、效率和竞争力；其手段是通过深化体制机制改革和政策创新，增加有效供给和中高端供给，减少无效供给和低端供给；其目标是增强供给体系对需求体系和需求结构变化的动态适应性和灵活性。当然，这里的有效供给包括公共产品和公共服务的供给。推进乡村产业兴旺，应该坚持发展现代农业和推进农业农村经济多元化、综合化"双轮驱动"的方针。鉴于我国农业发展的主要矛盾早已由总量不足转变为结构性矛盾，突出表现为阶段性供过于求和供给不足并存，并且矛盾的主要方面在供给侧。因此，在发展现代农业、推进农业现代化的过程中，要以推进农业供给侧结构性改革为主线，这是毫无疑问的。

加快构建现代农业产业体系、生产体系、经营体系，在推进农业供给侧结构性改革中占据重要地位。需要指出的是，农业生产性服务业是现代农业产业体系日益重要的组成部分，是将现代产业发展理念、组织方式和科技、人才、资本等要素植入现代农业的通道，也是增强新型农业经营（服务）主体进而增强农业创新力、竞争力的重要途径，对于推进农业高质量发展、实现服务兴农具有重要的战略意义。实施质量兴农、绿色兴农甚至品牌兴农战略，必须把推进涉农装备制造业的发展和现代化放在突出地位。无论是在农业生产领域还是在农业产业链，情况都是如此。

农业装备水平的提高和结构升级，是提升农业产业链质量、效率和竞争力的底蕴所在，也是增强农业创新力的重要依托。近年来，我国部分涉农装备制造企业积

极推进现代化改造和发展方式转变，推进智能化、集约化、科技化发展，成为从餐桌到田间的产业链问题解决方案供应商，也是推进质量兴农、绿色兴农的"领头羊"，对于完善农业发展的宏观调控、农业供应链和食品安全治理也发挥了重要作用。要按照增强农业创新力和竞争力的要求，加大引导支持力度。经验表明，特色农机的研发制造和推广，对于发展特色农业往往具有画龙点睛的作用。推进农业农村经济多元化、综合化主要是发展问题，但在此发展过程中也要注意按照推进供给侧结构性改革的方向，把握增加有效供给、减少无效供给和增强供给体系对需求体系动态适应、灵活反应能力的要求，创新相关体制机制和政策保障，防止"一哄而上""一哄而散"和大起大落的问题。要注意尊重不同产业的自身特性和发展要求，引导乡村优势特色产业适度集聚集群集约发展，并向小城镇、产业园区、中心村、中心镇适度集中；或依托资源优势、交通优势和临近城市的区位优势，实现连片组团发展，提升发展质量、效率和竞争力，夯实其在推进乡村产业兴旺中的结点功能。

第八章 农业产业化经营与农产品供应链

农业产业体系是生产、经营、市场、科技、教育和服务等诸多方面相互作用和相互依赖的有机整体，是一个多部门的复合体，这个复合体将相关环节连为一体，构成一体化的、涵盖其价值形成和分配的经济系统。农业产业化是以市场为导向，以经济效益为中心，以主导产业、产品为重点，优化组合各种生产要素，实行区域化布局、专业化生产、规模化建设、系列化加工、社会化服务、企业化管理，形成种养加工、产供销、贸工农、农工商、农科教一体化经营体系，使农业走上自我发展、自我积累、自我约束、自我调节的良性发展轨道的现代化经营方式和产业组织形式。这种经营模式从整体上推进传统农业向现代农业的转变，是加速农业现代化的有效途径。

第一节 农业产业化经营的需求与制约因素

一、农业产业化发展的需求

随着中国特色新型工业化、信息化、城镇化、农业现代化道路深入推进，对我国农业发展，特别是农业产业化发展提出了新的要求。

（一）稳定粮食供应，确保粮食安全

伴随人口的加速转移，粮食供需长期以来的紧平衡状况将更加显著。加上国际市场石油、天然气等能源的价格居高不下，开发利用生物能源的压力与日俱增，进一步加剧了粮食供需矛盾。因此，要在有限的耕地面积和生产条件下保障粮食安全，满足日益增长的粮食需求，必须加快传统农业向现代农业转型，推进粮食生产的技术化、规模化和产业化。农业的产业化不仅可以提高农民种粮的积极性，还可以以市场的力量改善农产品种植结构，对于保障我国粮食安全有着积极的意义。

（二）提供健康食品，保证食品安全

食品安全与现代农业的发展息息相关，要彻底解决食品安全问题，必须从农业产业化生产经营机制出发，解决现有"公司＋农户"模式的运行缺陷和产业链参与者的利益冲突问题，形成利益均衡、结构合理、风险控制完善的农业产业化体系，从根本上消除食品安全的隐患，为人民群众提供健康安全的绿色食品。

（三）减少农业污染，维护生态安全

农业环境污染不仅是关系到农业生产能力的粮食安全问题，更是关系到人类可持续发展的社会问题。由于农业的自然属性，农业环境污染会严重破坏耕地，影响大气、水体质量，危害人类和其他生物的生存环境，对生态安全造成威胁。农业的产业化发展，一方面可以减少小农生产过程中的浪费问题，另一方面可以通过终端市场约束以及更有效的市场监管来解决生产端的过量投入问题，在提高经营效率的同时，实现人与自然的和谐共处。

二、农业产业化经营的制约因素

从目前来看，我国要实现高效的农业产业化经营，依然面临着一些制约因素。

（一）农业经营主体制约

农业产业化经营需要高素质的劳动力作支撑，但目前我国的农业劳动力文化程度低、年龄偏大，农村青壮年劳动力不断向城镇转移，农村劳动力以"三留守"人员为主。农村空心化、老龄化的问题日益突出，农业生产兼业化、副业化的倾向日益明显，劳动力以妇女和老人居多，而且以兼业为主。将来谁来种地，谁来确保14亿人口的粮食安全是摆在我们面前不可回避的问题。

（二）农业生产经营方式制约

中国现阶段统分结合的农业生产经营体系的主导模式仍然是小农户直接面向大市场从事农业生产经营。作为统的一面，我国农业社会化服务体系存在很多问题，如相关服务内容供给数量不足，并且缺乏有效的激励机制，服务内容与需求相脱节等。而作为分的一面，家庭承包制满足了农民对土地经营权的需求，发挥了家庭经营的优势，但在市场经济体制下，农民的小生产模式与千变万化的大市场存在着矛盾。同时，家庭经营的地域性、分散性和自然经济性决定其存在生产成本高、技术含量低、生产盲目性大、抗御风险能力差和经营效率低的缺陷。人口越来越集中到经济发达地区，农产品消费地与产地距离越来越远。分散的小规模农户无法驾驭远离的大市场，农产品价格波动明显，分散农户小生产与大市场的矛盾更加突出。

（三）农业比较效益制约

农业比较效益是指在市场经济体制条件下，农业与其他经济活动在投入产出、

成本收益之间的相互比较,是体现农业生产利润率的相对高低、衡量农业生产效益的重要标准。当前,我国农业比较效益普遍较低是不争的事实,这是加快"三农"发展不可回避的障碍。中国农业发展面临着深层次的矛盾,其核心问题就是农业比较效益低下。根据其他国家的发展经验,低效率产业的长期存在将会极大地拖整个产业市场竞争力的"后腿"。因此,提高农业比较效益是实现农业现代化和产业化的一个根本支撑点。

三、经验总结与产业化发展方向

从国际农业发展经营来看,主要是要解决两大问题:一是经营主体问题,就是通过社会化服务和现代农民的培育来解决谁来种田的问题;二是经营方式问题,就是打造从田头到餐桌的农产品供应链体系,向国际通行的生产经营方式转变,以解决生产与市场的对接问题,实现产业效益的提升。

(一)提高农民组织化水平,培育现代农业生产主体

现代农业是高度组织化的,农户合作社和家庭农场是农业生产主体。农民大多是各类农业合作社的成员,是现代农业产业链上重要的利益相关者。当前我国农民组织化程度还比较低,在整个农业产业链中处于低端地位。中国要发展现代农业,推进农业的产业化发展,也应通过创新政策鼓励年轻人投身现代农业生产。通过职业培训等方式,提高农民的专业技能;通过发展农民专业合作社,切实提高农民组织化程度。鼓励农业龙头企业与农民专业合作社建立经营联盟。通过现代农业产业链中各个利益体的有效的分工合作,提高整体的农业生产效益。

(二)以专业化、市场化的生产服务替代一家一户的个体劳动

通过发展农业生产社会化服务体系,以专业化、市场化的生产服务替代一家一户的个体劳动,成为解决"谁来种地"问题的有效途径。从国际经验来看,农业产业过程中均存在较强的社会服务组织,对农民提供专业化的社会服务。通过农业生产社会服务体系,利用分工协作的优势,一方面可以提高农业资源利用效率和投入产出能力,带动农业节本增效和农民增收;另一方面,可以将良种、良法等现代生产要素有效投入家庭经营中,在家庭经营的基础上发展规模经营、集约经营,引导一家一户的生产向专业化、标准化、区域化发展,促进现代农业发展。

(三)以市场为导向,打造农业优势产业

中国是一个农业大国,各地农业资源、区位和生产条件都不一样,必须因地制

宜，根据市场需求，大力发展以技术为核心竞争力的农业、食品加工业、农业高新技术产业、生态农业，打造优势产业。我国内陆资源丰富地区，应发挥资源禀赋优势，研究开发创新的农产品和食品，为初级农产品增值。沿海及资源匮乏地区，可以充分发挥地理位置优势，可借鉴其他国家的经验，利用国内外的原材料，通过大力发展食品加工行业，提高农业产业经济效益。北上广等一线地区则可以依靠较为发达的物流行业，适度发展服务型农业，如农业会展、物流、贸易等。

（四）发挥产业集群作用，培育核心竞争力

产业集群是农业产业化发展进程中出现的一种经济现象。农业产业化发展提高了产业集中度，实现了区域化布局、规模化生产、供产销互动，通过将产、加、销集中起来，形成并延长了产业链，最终促使农户、企业、中介组织等不同利益群体形成利益共同体（涉农综合体）。在实践中，它表现为众多农户依靠合同或股份与具有龙头带动作用的农产品加工销售企业（经营实体）联结为一体，利用当地的资源优势和龙头企业提供的预付定金、生产资料与技术服务，按照龙头企业提出的产品数量与品质要求进行专业化、标准化生产，在区域内形成一定经济规模的生产基地，生产出的产品由龙头企业收购、加工销售。形成产品链和共同体的过程，也是特定农产品及其衍生品生产逐渐集中、产销互动的过程。多个同类农产品链的形成，必将推动区域化布局、规模化生产的实现，也将带动关联产业的发展，最终形成农业产业集群。

（五）构建利益联结机制，拓展产业链

利益联结机制是指集群农业产业化经营运行过程中各利益主体之间形成的各种利益关系，如企业与农户的利益关系等。产业链和产业集群的成员通过构建产业分工、利润分配的制度安排，明确各利益主体的地位，可以提高农业产业链的协同性，从而提升产业链竞争力。同时，要以优势产业为核心业务，全方位拓展产业链：一是延伸产业链的长度，尽可能提高农产品精深加工比例，实现价值增值，实现产业链的有效延伸；二是增加产业链宽度，通过增加产业链宽度，可提高农产品的综合利用程度，最大化产品增值空间；三是扩大产业链的厚度，壮大农业产业链的规模。

第二节 农业产业化经营与供应链建设策略

谁来种田和怎么种田不是孤立的问题，无论是社会化服务体系的构建，还是生产经营方式的创新,都必须在以市场为导向、产业为基础、经营为组织、服务为连接的"从田头到餐桌"的全产业链生产经营中加以解决。要寻求整体刚性、节点柔性以降低交易成本和保证安全,要推动建立和推广应用可供选择的新型农业生产经营机制。

一、构建相对完整的产业化供应链

(一)产业化供应链构建的关键因素

现代农业经营面临着更高的要求,现代农业链模式的设计必须考虑到以下几个方面的影响。

1. 市场需求所导致的竞争方式的变化

当今农业的竞争,已经不再是农业中某个单一企业的竞争,而是表现为整个产业链及其运作体系的竞争,而供应链管理则提供了这一态势下有效的竞争武器。为了获取整个产业链绩效和竞争力的提升,必须将运营和管理视野外放于整个供应链,即农户、分销商、零售商直至最终用户。以协作式竞争为内核的供应链竞争模式的崛起,将引领整个农业产业化经营走向组织创新和管理创新相协调并互相推进的时代。

2. 提高农业产业链运作的效率与快速响应能力

农副产品总体消费模式的演变,对构建一个能准确把握消费者需求并快速响应的农业供应链提出了更为迫切的要求。这首先要求这个链条上的所有相关单位改变现有组织模式,面向效率与敏捷性,对自身实施组织流程再造。

3. 解决农副产品的内在特性造成的物流"瓶颈"

农副产品具有季节性、性状不稳定性及易腐性等特性(这些特性将不同程度地持续影响到最终用户),这些特性与各级用户的非对称性要求及其他外部因素相结合,决定了整个供应链对物流技术因素和物流管理能力的高度依赖。

4. 能否与农户建立合作关系是现代农业发展模式设计的关键

现代农业经营的成败很大程度上取决于供应链各环节联结机制的稳固与否,因此,与农户建立战略伙伴关系、整合整条供应链上相关企业的资源就成为农业经营创新的一个重要方向。而"合作与协同"的理念培养和能力形成,无论对于农业产业化还是对于农业产业化框架下的供应链实践都是非常必要的。

(二)实施"从田头到餐桌"的农产品供应链管理

农产品供应链以市场需求为导向,以供应链整体效益和效率最大化为目标,以利益机制为纽带，围绕核心企业联结上下游节点、调配资源并展开运作，实现多方共赢。形成以消费者为中心的"从田头到餐桌"的农产品供应链，更能适应现代农业的发展。体现以消费者为中心的"从田头到餐桌"的农产品供应链将把农产品生产经营相关的产前、产中、产后的一系列的生产和经营整合在一起，形成以市场需求为核心，农产品生产为服务对象，并将以此衍生的众多行业连为一体的系统化大生产经营模式。这种经营模式不仅可以提高农产品的竞争能力，还能推动农业技术产业、农产品加工业、农产品连锁营销业、物流业以及信息技术在农业产业中的应用等的迅速发展，为农业产业化经营开拓一个崭新的天地和创造巨大的盈利空间。可以说"从田头到餐桌"，延伸了农产品的产业链，以市场需求指导生产，提高了农产品的附加值，使农业产业化实现了新的跨越，不仅有利于提高农产品在国际和国内农产品市场的竞争力，而且还可以增加农民收入，扩大农村剩余劳动力的就业途径，克服农户生产参与供应链的传统模式的弊端。

以消费者为中心的"从田头到餐桌"的农产品供应链各环节之间的联系是双向的。供应链的构建要围绕核心企业来选择和联结上下游伙伴。核心企业的上游是农民合作社（或者农民）以及农资供应，通过合约、股份或产权方式与其建立稳定的经济联结。核心企业把农产品基地作为"第一车间"，把农户作为农业工人，提供农资、技术、农教、产品收购等服务，与农户实现服务对接。为了增强对上游的控制，核心企业可以采取"后向一体化"战略，集农产品生产基地、农资生产供应于一体。核心企业对供应链下游（农产品流通、销售）的选择和利益联结方式主要取决于企业间核心能力的互补性和对下游的控制力等因素。在农产品的流通过程中，对仓储、配送、运输等环节的技术要求高、专业性强，核心企业如果不擅长农产品流通，可以通过契约的方式与农产品第三方物流企业建立动态的合作关系，形成优势互补。另外，为了增强对农产品流通、销售渠道的控制力，核心企业可以通过对下游企业控股或者"前向一体化"战略，与下游形成利益风险共担的战略联盟。

（三）优化产业化供应链治理机制

为了保证农业产业链体系效率实现，要求不同的交易对象，嵌入不同的治理机制，如策略性地匹配保障机制、风险机制、约束机制、利益分享机制、收入分配机制、激励机制等治理机制。

1. 保障机制

地理区域的分散性带来的生产不确定性增加了生产的风险性。一方面，产品市场的分割及其竞争的属性使得农户易采取投机行为；另一方面，当价格信号不畅通且存在市场垄断的情形时，龙头企业极易选择价格（及产品等级）的要挟方式。因此，合作组织必须存在产品供给与价格承诺保障机制。

2．风险机制

生产与市场的可控性程度决定组织承受自然或市场风险的能力，风险机制就是可以按照合作主体不同的信息优势与控制优势分担风险。在农业领域，通常可以考虑将生产风险化解到农户，而市场风险主要由公司主体承担。

3．约束机制

一方面，生产周期的长短影响着不确定性的大小及企业资金周转速度，约束机制就是通过企业内部管理降低不确定性，保证企业的有序积累。另一方面，生产周期的长短影响着组织对农户的谈判能力，或者说农户被"锁定"的时效，此时约束机制就是在农户仅仅被暂时锁定时，通过提供系列相关的专业化服务，延续彼此对合作的需要。

4．激励机制

产品的同质性较强时，计量与讨价还价的成本就较低。为了激励农户提供标准化的产品，就必须以价格优势通过稳定的预期收益驱动农户按要求生产。

5．利益分享机制

面对复杂多变、经营风险高的农产品市场，单家独户的单一产品小规模经营方式，抗风险能力弱。为此，产业化发展中所选择的主导产品不仅应具有较稳定的市场需求和较高的科技水平，而且要能带动相关产品的发展，具有复合的产品结构。在此基础上的合理的利益分配机制降低了农户生产风险，而且在保障农户获得必要的技术与物质支撑的同时，还可获得其他产品生产增值环节的好处。

6．收入分配机制

一般市场化程度较高时，市场较为活跃，交易成本低，生产者倾向于市场交易；反之，则倾向于通过专业化中介组织交易。但由于农产品面对的市场不确定性较强，因此，对经济组织而言，就应通过服务及收入分配机制降低交易成本，使农户获得稳定的预期收益，从而保证产业化过程中经济组织稳定而充足的货源。

二、产业化经营模式与提升

在此，主要介绍农业产业化经营中农户与供应链结合的几种方式。

(一) "农户＋企业"订单式的经营模式

1．基本形式

"农户＋企业"模式是农业产业化经营的一种可供选择的模式，在这种模式中，农户作为一个个分散的经济个体与供应链中的企业形成契约关系。农户与企业通过签订合同，在明确企业和农户双方严格的经济责任的基础上，工商企业负责向农户提供市场信息、技术服务以及部分农资用品，保证农产品加工和销售，而农户必须按合同的规定向公司按时交售符合合同质量和数量要求的农产品，二者进行直接的业务往来。由于双方均保持经济上、法律上的独立性，所以都能够发挥自己的经营灵活性。这种订单式的经营模式的基本特点包括：第一，以市场需求信息为基础、经济合同为纽带，有效地解决了农户由于市场信息的不对称而产生的"卖难"问题；第二，企业直接从农户手里收购农产品，直接进入加工、销售环节，与传统的农产品流通环节经过一级批发商—农贸市场—二级批发商相比，大幅缩短了农产品的流通时间，降低了农产品在流通过程中的损耗，有利于整个农产品供应链的效率的提高。

2. 进一步提升

以市场需求为导向的"农户＋企业"订单式农业组织模式，虽然在一定程度上可以解决农产品销售难的问题，增加农产品附加值，但是，公司与农户之间的利益关系并不紧密，基本上是一种纯粹的买卖关系，农户与企业并没有结成一个利益共同体，所以双方都存在着道德风险的危机，这种买卖关系也不具有稳定性。借鉴其他国家的经验，要想获得农户和企业的双赢，必须把农民和企业结合成为一个利益的共同体。而且由于"农户＋企业"这种组织模式有其存在的合理性，所以我们需要对这种组织模式加以完善来限制双方的机会主义行为。

（1）可以采用浮动式的订单＋约束性的合同。企业和农户可采取浮动式的订单，而不是一个固定的价格，同时实施保护价格。保护价格是根据市场行情以合同的形式订立的最低保护价格，是农业合作过程中常见的一种非市场安排形式。一般还规定当保护价格高于市场价格时，供应链中的加工企业按保护价格收购；当保护价格低于市场价格时，按市场价格收购。保护价格保障了农民的利益，使他们能够获得比较稳定的合理收益，也保证了加工企业有较稳定的原料来源。

（2）建立完善的农产品期货市场，规避市场价格波动带来的风险。适时推出以农业为基础的互换、期权等衍生工具，充分发挥其规避农产品价格风险、自然灾害风险和套期保值的作用。一方面可以开发能够规避因自然灾害等导致农产品价格波动风险的金融衍生产品，熨平农民收入的波动性；另一方面借鉴美国天气衍生工具的做法，直接开发出基于天气、温度等对农业影响较大的自然因素的衍生品，对冲自然因素所带来的农业经营风险。

（3）增强公司和广大农户的合作意识和组织化程度，构建合理的利益分配机制。在认真分析产业化经营中的各个环节增值部分真正来源的基础上，把各要素和各类风险等综合到利益分配的方案中去，既尊重农户的劳动，又充分肯定公司的经营绩效。同时，加强农户自身组织（如各类农村合作组织）的建设，提高农户的组织化程度，从而提高农户与产业组织的谈判能力和维护自身利益的能力。

(二)"农户＋合作社＋龙头企业"的经营模式

1. 基本形式

由于我国目前农业合作社的发展还不成熟，在现有的条件下合作社不能完全取代龙头企业在农产品加工和流通领域的功能，所以根据我国的实际情况，目前可以采用"农户＋农民合作社＋龙头企业"经营模式，对现有的"农户＋龙头企业"的经营模式进行补充。分散的农户可以采取以土地入股的方式加入合作社形成一个利益共同体，合作社作为入社农民的利益代表与龙头企业进行地位对等的谈判，要求龙头企业返还部分增值利润，并进一步协同农户与企业之间的利益关系。

2. 进一步提升

(1) 成为"车间型"的经营单位。农民合作社的内部组织可以借鉴其他国家合作社的组织结构和经验，促进加工企业向股份合作式的法人实体演化，而农户则成为股东，成为"车间型"的经营单位。以合资为基础的合作方式能够最大限度地保证供应链的稳定性与凝聚力，也能够促进供应链内部信息的顺畅，避免了由于僵化的合约所带来的种种约束。但股份合作需要一定资本，这无形中会限制实力较为薄弱的农户采用这种合作形式。但从效率的角度出发，股份合作不失为一种促进供应链组织合作的有效形式。而且，土地入股的数量也将作为合作社分得加工和流通领域利润分配的基础。

(2) 建立利润返还的机制。供应链的核心成员如龙头企业可以根据整个农业合作社提交的农产品的数量，在一个财政年度结束后，按适当比例把一部分利润返还给农业合作社，然后再由这种非营利性的农业合作社按照农民土地入股的数量对返还的利润进行分配。这样通过农业合作社这个强大的农民组织，农户与企业不再是简单的买卖关系，而成为较为紧密的整体。通过农产品利润的二次分配，农民就非常关心供应链整体的发展，不会轻易因市场价格的波动而撕毁购销合同，龙头企业也因此能获得更稳定优质的原料供应。

(三)"农户＋社会化服务组织"的经营模式

1. 基本形式

农业生产社会化服务组织既有公益性服务，也有经营性服务；既有专项服务，又有综合服务。当前的问题主要是，政府公益性服务机构与市场经营性服务组织定位不清晰，将本来可以交由市场机制解决的职能大包大揽，既增加了服务成本，也削弱了服务的针对性和有效性,加剧服务供求失衡。今后,除各类政府支持的公益性社会化服务组织,如各类农业技术推广机构外,以农民专业合作社为主体的新型生产社会化服务组织应得到大力扶持。从现代农业经营的需要看,社会化服务应主要着力在生产这个最为薄弱的环节。由各类社会服务组织对一家一户农民的耕、种、管、收提供服务,实现农业生产经营的规模化、组织化。

2. 创新形式

(1) 采购合作社。农民可以以加入合作社的方式,联合采购生产资料,寻求技术服务,开展技术交流。分散的农户加入采购合作社后,由合作社集体统一购买小型农具、种子、化肥等农业生产资料,相对来说,购买量大有助于增强与农资供应商的谈判力量,降低购买成本,更易于享受到一些农资的技术服务。农业合作社由于购买量大且涉及农民人数多,所以在选择购买时会比较谨慎。而且作为一个合作组织的力量可以与农资供应商进行谈判,可以要求先试用再购买。

(2) 服务合作社。采购合作社是一种产前合作社,而服务合作社则是帮助农民进行生产的产中合作社。由于提供大型农用机械,农产品仓储、救济服务等需要的成本较高,单靠一个村进行组织的话没有规模效应,所以这种服务合作社可以采用几个相近村联合起来形成跨地区的服务型的合作经济组织的方式。同时,在这种服务合作社建设的初期,当地政府应加以扶持。根据产中环节的特点以及我国的实际情况,服务合作社大致可分为大型机械合作社、农产品仓储合作社、救济服务合作社和农业技术与管理指导合作社。农民可以根据自身的情况同时参加几种合作社。

(3) 农业技术与管理指导合作社。由于这种合作社具有很强的技术性和专业性,所以政府应在政策上予以扶持。在技术方面邀请一些种田能手加入合作社作为技术指导;同时政府还可采用购买合作社顾问或指导员岗位的方式,委派职业经理人或专业技术人员参与农民专业合作社的筹备组建和初期运作;鼓励各类志愿者(大学毕业生志愿者、青年志愿者、离退休志愿者、专业技术人员志愿者)下农村协助农民专业合作社的建设。

(4) 农产品仓储服务合作社。农产品仓储环节也是减少农产品损耗的重要环节,传统的一家一户的仓储模式已经不适应现代高效、安全农业的发展。由于农产品储运装卸设施水平低,导致鲜活农产品仓储成本在总成本中高达60%,这大大降低了农产品在国际市场上的竞争力。加上农产品具有新鲜易腐的特质,传统的农户分散仓储和露天仓储对食品安全问题也带来巨大的隐患。在政府的帮助下建立一个大型的多功能仓储中心是必要的。

(5) 救济服务合作社。突如其来的台风、暴雪、干旱等自然灾害对农业生产具有毁灭性的影响,单靠分散的农户的力量,很难与自然灾害相抗衡。农民加入救济合作社可以得到合作社提供的风险防范服务,有助于安排好农业生产,对灾害性天气及早预防。而且,加入救济合作社的每一名农户都要购买农业保险,一旦遇到自然灾害,救济服务合作社可以向保险公司索赔。这样就可以有效地避免分散农户购买农业保险,由于力量小,保险公司恶意拖欠理赔费用的行为。

(6) 大型农业机械合作社。大型机械合作社在我国可以说是开展较早的一种合作社,其组织模式相对比较成熟。随着私有机械的增多,由于缺乏有效的组织管理,一方面,部分农户因无大型机械而出现了耕作难的问题;另一方面,多数农机户因经营规模小,机械闲置未能充分发挥作用而影响经济效益。现代农业机械化的发展必须围绕全村农业的产前、产中、产后,才能为农民提供系列化、市场化、专业化、社会化服务,而提供这些服务的根本所在就是要扩大农机经营规模,组建村级农机作业合作社,只有这样才能充分发挥机械效用,提高经济效益,确保农业丰产丰收。

(7) 加工销售合作社。农户可以以土地入股的方式加入农产品加工销售合作社,合作社以市场需求为导向,实现土地的规模化经营,组织农户按市场需求生产农产品。加工销售合作社负责农产品的加工和出售,农户只负责生产农产品。其次,加工销售合作社根据不同农产品的不同特性以及销售市场的不同,对农产品进行不同级别的初加工,提高农产品的附加值。最后,合作社要对入股的农民进行农产品增值的利润分红。

第三节 农业产业化支持政策

一、农业产业化供应链的支持政策

在农业产业化进程中,财政支农资金和金融部门信贷支农资金必须发挥主渠道和导向作用,发挥好自身的机构优势、资金优势、经验优势,审时度势,把重槌敲向农业产业化经营和产业链的构建。

(一) 培育龙头企业和合作组织,增强牵引机制

龙头企业和专业合作社等合作组织上连市场、下连农户,是产业链的核心,具有开拓市场、引导生产、加工增值、提供服务的综合能力,建好一批"农"字号龙头企业和合作组织,就能为推行农业产业化提供依托,发挥"龙头"带"龙尾"的牵引作用,从而达到带动一个产业发展的效果。建立现代农业产业体系,一是重点

扶持一批规模大、起点高、带动农民增收能力强的农产品加工企业和市场竞争力具有显著优势的合作组织；重点扶持促进本地区农业结构调整、联结本地农产品基地、带动本地农户发展生产、增加本地农业出口创汇的重点企业和合作组织。二是支持企业和合作组织科技创新。引进和推广应用农产品精深加工、包装、储藏、保鲜等新技术，支持建立研发中心，开展科技攻关，加快新产品的研发储备，发展科技含量和产品档次高的精深加工，拓展产业链条，提高农产品附加值。三是支持实施品牌战略。鼓励率先采用先进标准，以标准创品牌，靠品牌拓市场，向品牌要效益，尽快打造一批拥有自主知识产权、技术含量高、市场占有率高的农产品知名品牌。四是积极扶持和鼓励龙头企业、专业市场、农产品加工企业以及农村专业合作经济组织与生产基地、农户之间，通过建立风险基金、保护价收购、按农产品经营收益进行二次分配等途径，建立多种形式的"利益共享、风险共担"的联结机制，构建产加销一体化、贸工农一条龙的现代农业产业体系。

（二）构建研究、教育、推广三位一体的知识更新体系，夯实产业供应链的基础

研究、推广、教育三个部分的相互结合以及其与农民的紧密联系，是现代农业取得成功的重要因素。首先，公共财政必须支持构建健全的教育服务体系。农业教育的目的是培育职业的农民和农业企业管理者，每年教育预算的规定部分要用于农业教育。除了农村的正规教育外，国家要资助兴办初级和中级的农业技术学校，以培养高素质的农民及农业经营者。其次，公共财政必须支持构建强大的农业推广服务体系。我国的农业推广体系应由国家推广系统、企业或合作组织推广体系及NGO的咨询服务系统组成。国家推广系统在整个农业推广体系中起主导作用，统一协调其他各方面的力量，财税要对企业或合作组织推广体系及NGO的咨询服务系统给予适当的资助或税收优惠。最后，公共财政要加大鼓励基础研究、前瞻性战略研究、应用研究并重，互相交叉，最终目的是应用于农业生产、管理实践，产生较高生产力水平，创造高价值、高利润。另外，农业科研要与生产紧密结合，生产者与推广人员之间保持着紧密的联系，相关问题可通过推广系统迅速被发现，并在适当的研究计划中加以解决。

（三）形成供应链资金扶持体系，提升支农资金使用效益

由于农业问题的复杂性和多样性，造成支农支出种类繁多，资金分散，投入交叉重复，整体效益不高。因此，要优化财政支农支出结构，压缩各项不合理支出，明确财政支持现代农业的重点，在充分发挥市场机制、市场主体作用的前提下，促进现代农产品产业供应链建设。应创造性地开展财政支农资金整合，把各种渠道和

各部门管理的支农资金集中起来，做到"多个龙头进水，一个池子蓄水，一个龙头出水"，形成左右联合、上下联动的支农资金整合态势，以有效提高资金使用效益，形成供应链资金扶持体系，以供应链为基础打造支农资金整合的平台。

要加大对供应链各环节的资金支持。农产品供应链要求环环相扣的每一个企业与流程紧密合作、互相依赖，财政金融必须参与到整个农产品生产、物流、交易、资金流转与运作的过程中去。这就要求深入各个环节内部，发掘潜在需求，为构建农产品生产、冷藏、保鲜、销售链提供资金支持。此外，推进现代农业发展，仅靠财政投入是远远不够的。要积极创新财政支农机制，通过政策的导向和资金的引导，充分发挥财政支农资金"四两拨千斤"的作用，吸引信贷资金、外资、民资、工商资本投入现代农业，形成以国家公共财政稳定增长机制为主，包括农业信贷资金的保障机制、农户增加投入的激励机制、工商资本投入的引导机制、资本市场直接融资的运行机制、境外资本进入农业的疏通机制等在内的长效联合机制。

二、推进社会化服务体系的支持政策

总体思路是以市场为导向，将政府引导与市场推动相结合，按照"明确定位、突出重点、完善政策"的思路，推动农业生产社会化服务发展，推进现代农业组织制度创新。

（一）明确政府和市场的边界

妥善处理政府与市场的关系，充分运用市场机制。农业生产社会化服务的主体既包括各类公益性的农技推广机构、兽医管理等公益性机构，也包括市场化运作的农民专业合作组织、协会、农业服务公司等。各级财政部门在对承担公益性服务的职能机构安排相应的补助资金时，充分尊重市场规律，引入竞争激励机制。通过竞争性立项、购买服务、招投标、择优选择等方式确定服务承担主体。在同一个试点区域内，也可由两个或两个以上服务组织承担同类服务工作，切实保障服务效果。同时，按照市场机制的原则，科学确定农业生产服务各主体的职能定位、服务边界，以"支持稳定、促进健全、鼓励放活"的不同要求有针对性地促进各主体发育完善。

（二）促进健全农民专业合作组织

促进服务组织内生性发展。农民专业合作组织既包括各类直接从事种植业、畜牧业生产的生产型合作组织，又包括提供病虫害防治、机械化服务的各类服务型专业合作组织。健全农民专业合作服务组织机制，要将支持合作社数量扩张与能力提升并重，将支持合作社生产与支持合作社服务并重。扶持壮大一批服务能力强、市场应对水平高、管理规范的合作组织。目前，中央财政已有一些支持农业生产社会化服务体系发展的扶持政策，要不断完善政策，加大现有政策扶持力度，弥补政策空白。要继续完善农民专业合作组织扶持政策，在加大中央财政农民专业合作组织发展专项资金投入力度的同时，出台政策措施，优先支持农民合作组织承担发展农业和农村经济建设的涉农项目，提高合作组织自我发展能力。

(三) 发挥各类协会的服务作用

培育、发展农产品行业和商品协会，把分散化、小规模的农业生产者和企业组织起来，是我国提高农业国际竞争力的有效手段，也是适应新形势、新任务的需要。借鉴其他国家的经验，由政府主导的协会通过现代计算机互联网连接供应商、生产商、农户、批发商、零售商，形成现代的农产品供应链，提高效率，保障安全。政府对农产品行业协会的扶持已经成为世界惯例。许多国家的政府都对农产品行业协会有资金或税赋等诸多方面的支持。这既可以巧妙地避开 WTO 不能直补农民的规则，又可以达到扶助本国农民和农业的目的。

第九章 农产品营销与流通

第一节 农产品市场营销

一、农产品市场营销的内涵

(一) 农产品市场营销的概念

农产品是指种植业、养殖业、林业、牧业、水产业生产的各种植物、动物的初级产品及初级加工品,如粮食、油料、木材、肉、蛋、奶、畜产品、水产品、蔬菜、花卉、果品、中药材等。

农产品市场营销是指从事农产品生产和经营的个人和组织,在农产品从农户到消费者的环节中,实现满足个人和社会需求目标的交易活动。简单来说,农产品市场营销就是为了满足人们的需求和欲望而进行的农产品推销活动。它要求农产品生产经营者不仅要研究人们对农产品的现实需求,还要研究对农产品的潜在需求,并创造需求。

(二) 农产品市场营销的特点

农产品因其自然属性的特殊性,在市场营销活动中也呈现出自身的一些特点。

1. 农产品生产的生物性、自然性

农产品大多是生物性自然产品,具有鲜活性和易腐性,如蔬菜、水果、花卉等的鲜活期较短,一旦失去鲜活性,其价值就会大打折扣。

2. 农产品在供给上具有很强的季节性

受动植物自身生长规律的影响,农产品的供给具有很强的季节性和周期性。比如葡萄,南方地区一般在6~7月成熟,北方地区一般在7~8月成熟。但随着农业科学技术的进步,出现了反季农产品,在农产品市场营销中具有一定的优势。

3. 农产品需求的大量性、持续性和多样性

大部分农产品是满足人类基本生产和生活的必需品,这种需求是长期持续存在

的，而且不同的人对不同的农产品需求量也不同，随着社会经济的发展，人们对农产品的需求呈现出小型化、特产化、精致化的特点。

4. 政府宏观政策调控的特殊性

农业是国民经济的基础，农产品关乎国计民生。但由于农业生产具有不稳定性等特点，依靠市场机制不能有效地解决这些问题，所以需要政府在市场配置资源的基础上，采取一定的政策手段加以宏观调控来扶持和调节农业生产经营。

二、农产品市场与营销现状

（一）农产品市场的概念

农产品市场是农业商品经济发展的客观产物，是将农产品作为商品的交换场所，是农产品的买方、卖方和中间商组成的一个有机整体。按农产品销售方式可分为农产品批发市场、农产品零售市场、农产品超级市场。农产品批发市场的功能是批量地销售农产品，一般是商人之间的交易市场，农产品通过销售商分散销往全国各地。农产品零售市场是进行小量农产品交易的最终场所，以鲜活农产品为主，交易方式主要是现货交易，交易数量小。农产品市场按交易场所分为产地市场、销地市场、集散与中转市场，按交易方式分为现货交易和期货交易。

（二）农产品市场及营销发展现状

1. 农产品市场建设发展较快

随着经济、科技的快速发展，消费者消费观念不断改变，农产品市场也在不断地发展和完善。农产品市场从数量扩张向质量提升转变，硬件设施得到了明显改善，运行质量也得到了提高。另外，农产品专业市场类别不断增多，出现了蔬菜市场、水果市场、粮油市场等多种类别市场，初步形成了综合批发市场、专业批发市场、集市贸易和零售并行的农产品市场流通体系。

2. 传统农产品批发市场成为农产品流通的主渠道

日常生活中消费的生鲜农产品80%~90%是由批发市场提供的，农产品需经过农户、经纪人、批发市场、零售市场几个环节进入消费者手中，批发市场已成为现阶段农产品流通的主渠道。目前，大大小小的批发市场基本上覆盖了县市一级，大致形成了以城乡集贸市场、农产品批发市场为主导的农产品营销渠道体系，发挥着集散商品、形成价格、传递信息等作用，对加快农产品流通市场化，提高农民收入，满足消费者多样化与周年化的需求，提高流通效率等都具有重大促进作用。

3. 连锁超市、各类大卖场等现代渠道发展迅速

以配送中心、超市、大卖场等为主的现代农产品流通渠道发展很快,生鲜农产品也已成为超市聚客和提高利润水平的主要方面。现代市场营销通过超市连锁形式,可以借助总部强大的采购、管理、品牌、服务等优势,将零散性强的商业资源重新整合。例如,沃尔玛、家乐福等国际零售巨头在与农民、农业合作组织、农产品基地的合作方面均有丰富的经验,有效地促进了生鲜农产品的流通。

4. 农产品营销中介组织在农产品流通和促进农业产业化方面起着重要作用

个体户、专业组织、联合体这些农产品购销主体不断发展壮大。农产品营销中有了农产品营销中介组织的加入,小规模生产和大市场得到更好的对接,改变了过去农产品产销脱节的不良局面,有效缓解了农产品销售过程中的部分问题。农产品营销中介的出现带动了上游生产基地的发展,同时也带动农民走向市场,帮助农民致富,对地区的农业发展和建设起到了积极作用。

5. 农产品营销模式多样化

为了适应当前经济形势的多样化发展,农产品在营销模式上逐步呈现多样化,这些模式包括农产品绿色营销、农产品网络营销、农产品品牌营销、农产品文化营销、农产品国际营销。农产品营销模式的多样化发展有力地促进了农产品的健康、有序销售,提高了农产品营销效率,还提高了农民生活水平,更进一步满足了各种顾客不同的消费需求。

三、农产品市场营销存在的问题

从我国农业生产实际情况来看,当前农产品营销存在五个方面的主要问题。

(一)农民普遍缺乏营销观念,获取的农产品市场信息有限

现阶段,我国农业的主要经营方式是小农户家庭经营,存在小农户家庭生产经营与大市场、大流通不相适应的矛盾,单个农户、小规模农产品组织获取市场信息能力弱,缺乏市场需求调查研究数据。大多数农民只是靠电视、听广播,或看看左邻右舍种什么,自己就种什么;今年什么东西好卖,明年就种植什么,致使农产品销路不畅,形成结构性供过于求现象。

(二)农业生产合作化程度低,产品问题突出

目前,各地区农产品生产普遍存在着各种问题,例如,品种单一、大路货多、名优产品比例低；产品就地加工消化比例低，精深加工不足；农产品的标准化生产和质量安全体系建设落后，标准化程度低，产品质量差异大，同时，在农产品生产、加工、流通、质量检验、标识管理等各个环节，缺乏一套严格而完整的标准和市场准入监管制度；产品质量不稳定，水污染、空气污染、农药残留对产品品质影响大；品牌塑造、管理和推广力度不够，许多地区注重的是品牌塑造或推广，不重视品牌管理和维护，导致假冒品牌泛滥，品牌价值下降。

(三) 农产品产销的季节性矛盾突出

与工业生产不同，农产品通常按季节生产，全年销售；易变质腐烂，储存条件要求高。农产品产销的季节性不平衡矛盾成为影响农产品营销的主要因素，解决这一矛盾的关键是做好农产品储藏工作。我国农产品单个经营者实力小、产量低，绝大多数生产者没有能力建造仓库储存产品，从而造成农产品收获后集中上市，销售渠道稍有不畅，就会造成产品积压，甚至变质腐烂，进而影响农民增收和农业生产的稳定。

(四) 农产品营销服务体系建设落后

我国农业生产产业化水平和商品化程度较低，营销服务体系发展落后，农产品营销主要依赖于各级各类农贸市场，现有的农产品专业营销机构规模小，市场覆盖范围有限，难以满足农业产业化发展的需要。农村市场体系商业网点布局不合理，大型农贸市场主要集中于县城；农村农产品集贸市场规模小，设施简陋，服务功能单一，商品信息网络不健全，交易方式落后。不仅不能满足和适应农业产业化发展的要求，还直接影响了农产品营销的发展。

(五) 销售渠道长、环节多、效率低、成本高

农产品经营分散，大多数农户进行自产自销。有的农户通过县、乡（镇）农贸市场直接面对消费者进行交易；有的农户经过多层农产品销售的中间商，实现农产品转移，并将农产品推向各级批发市场、零售市场。缺乏规范有序的销售渠道给了中间商较大的投机空间，不但延长了从生产者到消费者的时间，而且增加了成本，效率大打折扣。受益方只有中间商，高成本被转移给农产品消费者的同时，农户也没有取得高收入。

四、电子商务环境下的农产品营销

面对农民营销观念滞后，市场信息不通畅，销售渠道长、环节多、效率低、成

本高等诸多问题，国家也在不断出台各种政策推动农产品流通，促进农民增收。农产品电商营销已成为解决农产品滞销，提高农民收入的重要途径，对乡村振兴战略具有重要意义。

（一）农产品电子商务概述

1. 农产品电子商务的概念

农产品电子商务是指通过电子商务路径，把大量的农产品通过网络销售出去，其经营主体可能是普通农民，也可能是企业或者合作社等；其经营的农产品可能是没有加工的原产品，也可能是简单的初加工品，还可能是食品。

2. 农产品电子商务的作用

（1）减少流通环节，降低流通成本。传统的农产品流通供应链较长，环节过多，导致农产品在存储、运输、加工和销售环节中的成本过高，利益被中间环节截留，农民增产不增收。通过电子商务平台，生产者直接和消费者交流，减少了中间环节，降低了流通成本。

（2）降低生产和交易风险，增加农民收入。农民在市场交易中处于弱势地位，既面临自然风险又面临巨大的市场风险。农产品电子商务把农民、供应商以及批发商与零售终端、客户连接起来，实现对农产品物流各个环节的实时跟踪、有效控制和全程管理，从而达到资源共享，有效避免因信息不通畅而导致的农产品结构性、季节性和区域性过剩。

（3）促进产业结构调整，提高农产品竞争力。网上交易公开、公平、透明，成交价格真实地反映了市场中的供求状况，以此引导广大农户科学安排生产，以销定产，减少了生产的盲目性。同时生产监管机构、检疫机构、市场监管机构可以通过信息平台对农产品的生产加工、市场准入、质量安全直接监管。消费者可以在信息平台上查询购买的农产品的质量安全情况，追溯产地，从而保证消费者权益，有利于农产品品牌的创建和保护。

（4）扩大农产品市场，加快农产品流通速度。传统农产品交易以批发市场和集市贸易为主，网上交易平台的建立突破了时间和空间的限制，使交易主体多元化。网络的无界限决定了只要有网络就可能存在农产品的需求市场。农户以及农产品企业可以通过网络迅速找到合适的贸易伙伴，加快农产品流通速度。

3. 农产品电子商务的模式

（1）B2B（Business to Business），即商家到商家模式。该模式是商家到农户或一级批发市场集中采购农产品然后分发配送给中小农产品经销商的行为。这种模式主要是为中小农产品批发或零售商提供便利,节省其采购和运输成本。

(2) B2C(Business to Consumer),即商家到消费者的模式。它是经纪人、批发商、零售商通过网上平台卖农产品给消费者或专业的垂直电商直接到农户手里采购,然后卖给消费者的行为。

(3) F2C(Factory to Customer),即农产品直销模式,即农产品直接由农户通过网上平台卖给消费者的行为。

(4) O2O(Online to Offline),即线上线下结合模式,是指线上营销线上购买带动线下经营和线下消费。O2O通过打折、提供信息、服务预订等方式,把线下商店的消息推送给互联网用户,从而将他们转换为自己的线下客户,这就特别适合必须到店消费的商品和服务,比如餐饮、健身、看电影和演出、美容美发、摄影等。

(二)农产品电子商务发展现状

1. 农产品网络销售规模快速增长

当前,电子商务已成为农产品经营流通中不可或缺的重要途径,全国各地都在纷纷发展农村电子商务,农产品网络销售规模呈现出良好的发展态势。当地要抢抓互联网发展机遇,立足产业优势,积极探索发展农村电子商务。随着农村电子商务的不断发展,农村农产品的线上销售额逐年增加。

2. 农产品线上营销模式不断创新

随着农产品电子商务的发展,营销模式也在不断创新。农产品线上营销模式主要有以各平台上的商家店铺、旗舰店以及微商为代表的平台+网店模式,农产品+网红直播+电商平台模式和电商扶贫模式等。

3. 各大电商平台纷纷抢占农产品市场

以淘宝、天猫、京东商城为代表的综合型电商平台,开设专门频道,成立运营团队来发展农产品电子商务。同时出现了一大批垂直型专业电商平台,扩大了服务城市,做出了自身特色。电商的参与使得发展农产品电子商务的资本、流量、供应链、物流、生态圈等得到了改善,促进了农产品的上行。

(三)农产品电子商务发展的瓶颈

随着国家对农村电子商务的高度重视及各大电商巨头的纷纷涌入,农村电子商务得到了空前的发展,有效促进了"工业品下乡"和"农产品进城"的双向流通。但因农产品具有自然属性等特点,农村电子商务在实际发展中并没有想象中那么好,仍存在一些发展瓶颈。

1. 农村电商人才短缺

人才的缺失主要体现在两个方面：其一，电子商务领域专业人才缺失，在发展农村电商时找不到专业的人员，既缺乏包括店铺装修、摄影、图片处理方面的技术人员，也缺乏熟悉产品生产、质量管理、网络营销、客户维护等方面的专业人才；其二，管理人才匮乏，推动农村电商发展首先要得到政府的支持，企业也要参与其中，但是在这方面的管理人才素质还未达到要求。

2. 标准化程度低，品牌营销不足

目前，农产品生产总体上仍处于一家一户的生产模式，生产规模小、生产个体多，缺乏生产标准化应有的规模基础和大规模生产规范化管理整齐划一的必要条件，农产品质量参差不齐，品质低。另外，大部分地区生产的农产品多为初级加工品，加工转化增值能力较弱，附加值较低；许多农户或企业品牌意识较为模糊，把商标与品牌等同起来，认为农产品只要有了商标就是有了品牌，对品牌创建缺少合作参与竞争的意识。

3. 物流体系不完善，成本居高不下

部分农村地处偏远地区，基础设施不完善，交通不便。另外，农产品是人们每天的消费品，但难以保存，因人们单次采购量少，物流配送成本问题十分突出。

(四) 加快农产品电子商务发展的建议

1. 强化政府指导

从很多地区的农村电子商务发展情况来看，许多都有政府的推动作用，特别是在西部地区，政府的作用更为明显。无论是基础设施、电商服务体系的建设还是人才的培养等一系列的项目都需要政府的推动。因此政府应进一步明确发展方向，提出明晰的战略目标，并进一步出台政策、投入资金，加强基础设施建设，营造良好的电商环境。

2. 培养电商人才

目前农村电子商务发展的硬件环境已初步形成，但缺乏人才却成了发展的主要障碍，无论是战略型、综合型管理人才还是实践操作型人才都比较缺乏，尤其是应用型人才，因此政府和企业要真正重视起来，进行多渠道、多层次的培育。一是提高行政管理干部应用农村电子商务的能力。二是培育本地化人才队伍。在农村电子商务发展初期，难以吸引到外来优秀人才，当务之急就是培育一支当地的农村电商人才队伍。大学生村干部、返乡青年、农村创业青年等新农人应作为重点培养对象。三是加强校企合作。可以通过高职院校和企业的合作培养，学校根据企业的要

求培养学生，这样就可以培养出满足农村电商要求的专业人才。

3. 突出品牌优势

在农产品竞争日趋激烈的今天，提升农产品知名度和影响力，获得消费者认可，具有深远意义。首先，政府要积极主动地打造品牌，利用自身的优势为农产品注册商标，通过商标来保护本地农产品的质量和价值。其次，要严格把控当地农产品进入市场的准入关，不符合要求的产品不能进入市场，对进入市场的产品要进行认证。企业和农民在农产品市场中要遵守国家法律法规，依据国家标准来进行生产，提高农产品质量，做到生产有记录、流向可追踪、质量可溯源。总之政府、企业、合作社等多方应联动、协同作战，从农产品的安全质量、附加值、运营推广等多方面入手。

4. 完善物流体系

当前物流体系的不完善制约着农村电子商务的发展，建立完善的物流体系成为当务之急。

第一，加强物流基础设施建设，尤其是冷链物流建设，应着力建立和完善县、乡、村三级物流配送体系，同时有效整合区域内物流配送资源，建设具有综合服务功能的物流园区，满足农产品流通加工、配送的需要。

第二，完善农村物流公共信息平台，构建乡村末端物流线路共享系统，与县级物流管理体系形成数据共享，努力提升农村物流服务时效，降低物流成本。

第三，大力发展第三方物流企业。第三方物流企业的配送速度以及物流服务都较为成熟，有着更明显的优势，通过第三方物流企业将县、乡、村三级物流网络资源加以整合利用，要把农产品集中处理，通过配送中心分散给下面的各个企业，这样一来时间成本和资金成本就会降低许多，打通农产品进入消费环节的"最后一公里"。

5. 发展电商企业

企业是农村电子商务发展的主体，要培育壮大电商企业：第一，要打造好农村电商生态，形成资源共享，以资源聚集带动人才聚集，吸引电商企业入驻；第二，通过政策扶持及资金奖励，对综合经营规模大、经营模式新和发展潜力大的电商企业进行示范创建，重点培育，打造一批电商明星企业；第三，可引入较成熟的电商企业，以成熟的管理体系和前沿的思维带动本地电商企业发展，形成大小结合、内外相济的竞争格局，共同促进农村电子商务的发展；第四，打造协会合作平台，当地政府应加大力度建设青年网上创业联盟、网商协会等组织平台，制定对全体会员具有普遍约束力的行业自律公约，通过协会平台强化电商企业抱团发展，避免区域内同质化竞争和恶性竞争。

第二节 现代农产品物流

物流作为一个新兴的产业，已经进入全面快速发展阶段。我国作为一个农业大国，在经济全球化发展，以及国家的高度重视与支持下，农产品物流得到了迅猛的发展。建设社会主义新农村是我国现代化建设进程中的重大历史任务，而攻克农产品物流难题是调整农业产业结构、促进农民增收、推进社会主义新农村建设的关键。农产品物流作为现代物流的重要组成部分，在国民经济发展中具有举足轻重的作用。从某种意义上讲，当前影响我国农业发展的瓶颈正从生产领域逐渐转入流通领域，农业发展的焦点已经从生产环节转向了流通环节。因此，发展农产品物流是建设社会主义新农村的重要推动力，是实现农业生产资料流转和农产品流通的必要手段，是我国由农业大国走向农业强国的必经之路。大力发展农产品物流，对于打通农产品流通的"最后一公里"，提升农村一二三产业融合发展水平，助力乡村振兴战略有着非常重要的意义。

一、现代农产品物流

（一）现代农产品物流的含义

现代农产品物流是指应用现代技术手段、现代管理方法将农产品从供给者送至需求者及相关信息有效流动的全过程。它将运输、仓储、装卸、搬运、流通加工、包装、配送、信息等方面有机结合，形成完整的供应链，为用户提供多功能、一体化的综合性服务。现代农产品物流是以现代运输业为核心、以信息技术为支撑、以现代制造业和商业为基础，集系统化、信息化、仓储现代化为一体的综合性产业。因而它的发展，必将对增强企业发展后劲、优化产业结构、提高经济运行质量起到巨大的促进作用。

（二）现代农产品物流的特点

1. 现代农产品物流的系统化

物流系统化是对物流系统进行系统整合、系统分析和系统管理等的一系列过程。具体来说，就是将运输、流通加工、装卸、搬运、储存、包装、配送、物流信息等物流环节，进行整体设计和管理，以最优的结构、最佳的组合，充分发挥其系统功能作用,实现整个物流合理化。物流合理化不仅有利于降低物流成本,实现"第三利润源",而且可以提高物流效率,实现资源的最佳配置。而物流系统化又是物流合理化的重要前提。因此,注重系统化发展成为现代农产品物流飞速发展的重要前提。

2. 现代农产品物流的多元化

现代农产品物流的多元化主要是指物流主体的多元化。农产品物流主体是发展现代农业的一个重要载体,是农产品物流价值和附加价值的参与者和主导者。随着市场经济的发展和物流行业机制的完备,农产品物流主体越发呈现出多元化的特点,例如,行业监管主体多元化、产品产销主体多元化、服务供给主体多元化、消费需求主体多元化等。

3. 现代农产品物流的信息化

信息化是现代物流的基本特征,是现代物流发展的基础,是物流业蓬勃发展的助推器。信息技术特别是计算机技术、电子数据交换技术及互联网的广泛应用对物流业的发展起到了巨大的推动作用。农产品物流信息化,能够有效提高农产品市场的流通效率,保证农业农产品信息畅通,有利于实现市场供需平衡,促进农业生产要素的合理流动,也有利于降低农产品交易成本,促进农产品的商品流通。

4. 现代农产品物流的标准化

物流标准化是为物流活动制定统一标准并实施的整个过程。它是以系统为出发点,研究各分系统与分领域中技术标准与工作标准的配合性要求,统一整个物流系统的标准,研究物流系统与其他相关系统的配合性,进一步谋求物流大系统的标准统一。物流标准化是物流现代化的基础和必要条件,而农产品物流标准化则是物流标准化的重要组成部分,是农产品物流发展的必经之路。

5. 现代农产品物流的自动化

物流自动化是指物流作业过程的设备和设施自动化,是充分利用各种机械和运输设备、计算机系统和综合作业协调等技术手段,通过对物流系统的整体规划及技术应用,使物流的相关作业和内容省力化、效率化、合理化,快速、精准、可靠地完成物流的过程。农产品物流的自动化是以信息化为基础,利用自动化技术使农产品在配送、分拣、装卸、搬运、识别、库存管理等作业过程中提高作业能力,减少差错率,提高劳动生产率。自动化技术在农产品物流中的使用,是农产品物流及其管理进入现代化的体现。

6. 现代农产品物流的社会化

物流社会化是社会分工进一步发展的结果，建立在物流专业化发展的基础上，是一个不断深入的市场化发展过程。物流社会化主要是指物流服务的社会化，物流服务的社会化和物流服务的专业化是互为前提、相互依赖的，只有物流服务的专业化，才能面向社会提供社会化的物流服务，而社会化物流服务又是专业化物流服务发展的必然结果。因而，第三方物流和第四方物流是物流社会化、专业化的发展趋势，是现代物流的表现形式。

（三）我国现代农产品物流发展现状分析

我国农产品物流的发展无论在理论上还是实践中均处于初级阶段，发展比较落后。目前我国农产品物流理论的研究主要是宏观层次的研究，属于理论研究的低级阶段。但是随着经济的发展，国家的重视与政策倾向，我国农产品物流得到飞速的发展，农产品物流体系逐步完善，形成了从生产、采购到流通加工、运输、装卸、搬运、储存、包装、配送、销售等一系列环节的整合，形成一个集合的供应链，为用户提供多功能、一体化的综合性服务。

我国现代农产品物流的发展也面对着许多挑战。例如，众多的参与个体组织规模小、层次低、离散性强、联合性差，组织化程度低；虽然农产品物流主体向多元化方向发展，农产品交易方式也向多元化方向发展，但农产品物流信息体系才初步建立；农产品批发市场和农产品流通中心发展较快，但市场交易法规建设薄弱，交易规范化程度有待提高。因此，我国现代农产品物流建设与发展仍然任重而道远。

（四）我国现代农产品物流存在的问题

1. 流通渠道比较单一

农产品的大宗物流一般都会经过这样几个主要环节：生产者—产地市场—运销批发商—销地市场—零售商—消费者，由于农产品中未经加工的鲜销产品占了绝大部分，而这样多环节的流通链条，无论是时间和流通效率，还是现有的保鲜手段都无法适应农产品的鲜销形式，因此相当一部分新鲜产品由于运价、运力、交通基础状况和产品保鲜技术原因而损失巨大。当农产品集中上市时，因物流不畅、加工能力不足、产销脱节严重，损耗情况更为突出。

2. 体系不健全

农产品物流流体的流向和流程，以及由此而产生的效率和效益与农业物流的信息体系密切相关，而现在农业物流信息系统所能提供的信息品种和质量都不能满足需要，缺乏有效的信息导向，农产品物流的流向带有盲目性，流程不合理，这是导致在途损失严重、影响农产品保值增值的重要原因。长期以来，农民对市场供求信息的获取渠道单一，手段缺乏，赶不上市场变化，信息滞后失真现象严重，要改变这种状况，迫切需要建立完善的信息采集、加工整理和发布体系，需要建立一体化、系统化的物流体系。

3. 物流成本过高

农产品供应链中产销结合差是农产品采购和经营的"瓶颈"之一。目前，我国农产品的物流成本仍然偏高，且很不稳定，运销成本波动较大。我国农产品流通成本一般占总成本的40%左右，其中鲜活产品及果蔬产品要占60%以上。同时我国很多城市对外来的农产品车辆有很多限制，导致运输在途时间变长，这不仅影响销售而且增加了损耗。农产品物流成本高，尤其是"最后一公里"痛点成为制约我国现代农产品物流飞速发展的关键因素之一。

4. 缺乏专业管理人才

在水果、蔬菜等生鲜农产品流通过程中，要求管理人员能够对农产品流通过程进行合理规定、设计、管理和有效控制以及成本核算，降低各环节成本费用，减少不必要的损耗，有效地增加农产品流通附加值等。这就要求管理人员应该是一名具备现代物流知识的专业人才，能够运用自身具备的专业知识和一定的实践经验来解决工作中的现实问题。

（五）构建现代农产品物流产业发展对策

1. 增强现代物流意识

通过教育、培训来增强农民的市场经济观念，增强农民的现代物流意识，切实转变单一运输经营的观念，彻底转变"小而全，大而全"和自货自运的经营模式。运用系统优化原理、最小总成本方法、供应链管理等物流方法来改善农产品流通方式，提高运作效率，降低成本，扩大企业规模，实现运营规模化、集约化、系统化，促进农民增收。

2. 扶持一批有基础、有条件的物流企业发展为龙头企业

对于一部分基础较好、条件较好的物流企业，政府、协会要加强指导、帮扶，通过对这部分企业的经营方式、范围、服务水平、专业化、信息化等进行调整能较快发展和壮大，逐步成为行业的龙头企业，带动整个行业转型升级。

3. 加大对农产品物流建设的投入，完善基础设施

对现有的落后陈旧设施进行有计划的更新换代，优化区域经济发展布局，进行配套的物流基础设施建设，以提高农产品物流产业的服务水平和效率；发展与改进

各式农用运输车;加强各种农用仓库的建设;促进农产品加工配送中心建设;加强农产品物流基地、保鲜库、冷藏库等建设,完善公路、铁路、航空等交通运输条件。

4. 健全农产品物流公司种类

除目前传统型的物流企业外,鼓励有条件的企业或团队和个人组建现代物流中转中心和第四方物流企业,以此来提升农产品物流产业的总体水平。

5. 整合资源,构建公共物流信息平台

政府相关部门或物流协会应该建立农产品物流产业使用的公共的物流信息平台,自己建设物流信息系统的企业能通过公共物流信息平台来提高自身的物流服务水平,提高市场竞争力。

6. 加大教育,培养专业的物流人才

农产品物流的发展,人才是关键。有关部门应发挥组织作用,定期或不定期地组织物流业从业人员进行经营管理等相关知识的培训,提高从业人员的专业知识;与本地区的高等教育和职业教育机构共同办好物流类专业,培养物流类的专业人才,从根源上解决专业物流人才不足的困境。

二、现代农产品供应链与冷链物流

我国是农业生产大国,随着经济社会的发展,农产品在国际市场竞争中面临着严峻的冲击和挑战。为了增强企业的竞争力,提高农民的经济收益,培育有竞争优势的农产品企业,实现农产品供应链的优化整合,降低风险,将供应链管理思想运用到农产品的企业运营和管理中去,实现农产品供应链的总体效益最大化,农产品供应链是供应链管理研究的热点问题之一。

(一) 农产品供应链的含义

农产品供应链是围绕一个核心企业对农产品从生产到消费过程中各个环节所涉及的物流、资金流、信息流进行整合,将生产商、分销商、批发商、零售商等各方连接成一个具有整体功能的网络,也是农产品在供应链上增加价值的增值链。农产品供应链研究既研究农产品生产本身的物流配置,又研究农业产前、产后物流的科学流动,实现供应、生产、运输、加工、销售等环节的有机衔接,其目的在于使整个供应链产生的价值最大化。

(二) 农产品供应链的特点

1. 参与者众多，系统复杂

在生产、加工、运输、销售和最终到消费者的各个环节上都有众多参与者，包括农产品生产者、农产品加工者、农产品运输者、批发市场、零售终端和最终消费者等一系列参与者。另外，农产品的数量大、品种多、特性差异大、质量参差不齐，使农产品供应链各环节的衔接问题更加复杂。

2. 对物流的要求较高，物流瓶颈突出

由于农产品生产具有区域性、分散性、季节性和风险性，而人们的需求又具有多样性和长期性，因而需要在不同区域、不同时间进行流通交易。然而农产品的鲜活易腐性，对农产品的物流提出了很高的要求，流通成本上升，这限制了农产品流通的发展。而且农产品流通中的商流、物流、信息流、资金流的全面协同十分重要，由于物流与商流、信息流、资金流存在本质上的区别，在实际运作中物流不能完全借助信息网络和中介机构实现信息的交换和资金的流动，它往往更多地表现为商品实体在平面和空间上的移动。在电子商务高速发展、农产品客户个性化需求日趋增长的趋势下，物流瓶颈越来越突出。根据"木桶原理"，农产品供应链上任何一个成员物流效率的降低都会降低整个农产品供应链的竞争力，因此，提高农产品物流能力，提高农产品供应链整体效率，迫在眉睫。

3. 物流环节协调性差，整体价值链增值难

由于农产品生产和消费的分散性，市场信息的不对称性，经营主体的多元性和经营规模的离散性，使得农产品销售处于尴尬的境地。农产品生产的季节性较强，农产品上市时间与物流环节难以协调，会导致市场价格波动较大，农产品的鲜活易腐性还限制了农产品在跨区域间和跨季节间的即时调节。在传统的农产品物流体系中，信息流、商流、物流和资金流在时间和空间上相互分离，不能很好地解决农产品在产供销中所形成的结构性矛盾，在农产品供应链条中，缺乏协调、合理的物流管理流程，因此，物流的快捷性和高效性的功能不能得到最大化的发挥，物流的附加值增值受限。

(三) 农产品供应链管理的发展对策

1. 树立先进的农产品物流供应链管理理念

21世纪的竞争不再是企业和企业之间的竞争，而是供应链和供应链之间的竞争。我国作为一个农业大国，农产品物流发展要在整体上有较大的突破，需要引入现代化的物流管理模式——农产品供应链管理，把农产品物流和企业的一系列活动

看作一个统一的过程来管理,充分利用供应链中的资源,实现供应链的优化和资源整合。农产品供应链环节中的各组织载体要在物流上进行全方位合作,各组织载体要充分意识到供应链管理是物流管理的新方向,要把握供应链管理的内涵及其要求。

2. 大力发展核心企业,促进供应链主体间的互相协作

首先,政府部门应该积极培育农产品核心企业,对农业产业化龙头企业的发展给予扶持资金和优惠政策。采取多渠道、多形式、多元化的办法,重点培育一批有竞争力和管理组织能力的农产品批发市场、农产品生产基地、农产品加工配送企业,围绕核心企业来建立农产品供应链,充分发挥核心企业的龙头作用,有效衔接农产品供应链节点的各组织,进行策略的制定、推行和协调工作。其次,发展多元化协调主体,加强供应链各个环节的协调、合作。

3. 构建农产品信息管理系统,建设供应链信息管理平台

构建农产品信息管理系统,建设农产品供应链信息管理平台,通过信息化建设,实现信息在供应商、生产商、分销商、零售商、消费者之间的有效传递,提高供应链管理信息的准确性,保证各环节的便捷沟通。同时,农产品生产监管机构、检疫机构、市场监管机构也可以通过门户网站等信息平台,对农产品加工过程、市场准入、质量安全进行全程监控。

4. 改善物流基础设施,提升农产品供应链物流能力

新鲜是生鲜农产品的价值所在,但由于鲜活农产品保鲜期短、极易腐烂变质等,对运输效率和流通保鲜技术提出了较高的要求。所以,要加强物流基础设施设备的建设,构建基础设施设备标准化体系,进一步规划包括物流园区、物流中心和配送中心、仓储设施等在内的基础设施。此外,应大力发展第三方物流,鼓励和支持第三方物流服务企业使用自己的物流服务设施设备为买卖双方企业提供现代物流社会化服务的模式,充分发挥第三方物流的优势。

5. 提高农产品的质量安全水平,完善的质量安全体系

要提高农产品的质量安全水平,建立一个完善的农产品供应链安全体系。加强对农产品生产的监管,从源头杜绝农产品质量安全隐患;统一农产品质量安全标准;制定农产品质量安全法律法规体系、农产品质量标准体系、农产品质量检验检测体系和质量认证体系;同时,建设农产品质量安全追溯体系,通过问题的追溯强化农产品供应链上各企业的责任,以保障农产品具有良好的质量水平。

6. 协调农产品供应链各方利益，为市场注入新鲜活力

供应链运作成功的关键是建立完善的利益分配机制。首先，市场要为农户的农产品进入市场提供便捷的程序，提供本土化的生产意见，逐步引导其供应链思想的形成；其次，要为加工厂家提供市场信息，联系供应商，加强加工厂家与供应商的进一步联系。此外，我国应借鉴国外先进的物流管理经验，培养能解决实际问题的物流人才，提高整体物流人员的综合素质，特别要注重对新技术的投入使用。农产品物流发展目标是增加农产品附加值，节约流通费用，提高流通效率，降低不必要的损耗，从某种程度上规避市场风险。农产品物流与农业发展、农户增收联系紧密，在农产品的流通环节承担着十分重要的作用。

（四）农产品冷链管理

冷链已经成为世界各国提高生鲜农产品流通条件、食品质量安全、农产品附加值及促进农产品走向国际市场的重要保障。我国是农业生产大国和农产品消费大国，2023年我国农产品冷链物流总收入预计达到5170亿元，同比增长5.2%。我国农产品冷链物流市场空间还很大，未来农产品物流市场进一步开阔，将为冷链物流市场打开更多需求。但是由于农产品冷链物流发展的不完善和农产品冷链流通率低，造成生鲜农产品产后腐损率较高，大大降低了农产品品质，因此每年都造成了巨额的损失。加快发展我国农产品冷链物流，对于保障食品安全和增加农民收入等都具有十分重要的意义。同样，大力发展农产品冷链物流、加强冷链管理对当地物流枢纽地位的巩固和经济的发展具有重要意义。

1. 农产品冷链物流的含义

农产品冷链物流是指水果、蔬菜、肉、蛋等农产品在采购、加工、储藏、运输、销售直至消费的各个环节中始终处于规定的、生理需要的低温环境下，以保证农产品质量、减少农产品消耗的一系列供应管理措施和方法。其包括的冷冻加工、冷冻贮藏、冷藏运输及配送、冷冻销售四个环节都要求按照农产品物流的特性需要，保证农产品的原品质和长存性，保证保鲜贮运工具设备的数量与质量，保证处理工艺水平高、包装条件优和清洁卫生好，保证现代化管理和快速作业，最终保证农产品冷链物流冷链协调、有序、高效地运转。

2. 农产品冷链物流的特点

（1）复杂性。要保证生鲜农产品在冷链物流过程中的品质，就必须严格控制农产品在冷藏运输过程中的储藏温度以及运输时间。冷链物流系统相对于常温物流系统技术要求高，不同的农产品对温度控制的要求和可储存的时间都不一样，而且冷

链物流的基础设施建设和设备技术相对复杂,对信息化程度的要求较高。另外,农产品冷链物流的生产和消费较分散,市场供求及价格变化较大,天气、交通等各种不确定的影响因素较多,其运作和能耗成本较高也增加了其不稳定性和复杂性。

(2) 时效性。农产品冷链物流要求冷链的各环节具有较高的组织协调性,保障物流环节和物流交易次数较少,保证易变质农产品的时效性强。由于生鲜农产品具有不易储藏的特性,于是要求生鲜农产品冷链物流的每个组成单位必须及时有效地工作。流通过程中必须按照相应的时间节点来运输,冷链的每一个环节都必须协调运作,每一个环节都要紧密相连,来缩短整体的流通时间,提高运作效率。

(3) 高成本。农产品冷链物流各环节的管理与运作都需要专门的设备和设施,建设投资较大、回报期较长。由于生鲜农产品在流通过程中必须处在相应的温度环境下,所以必须使用低温运输工具,安装全程温度控制设备,建设冷链仓储物流中心,采用先进的信息管理系统和高效的管理方式,这些要求导致了农产品冷链物流的成本要比其他物流系统成本高出很多。

3. 发展农产品冷链物流的意义

首先,发展农产品冷链物流是适应农产品大规模流通的客观需要。随着农业经济的不断发展,我国农业结构调整取得显著成效,区域、品种布局日益优化,农产品流通呈现出大规模、长距离、反季节的特点,对农产品物流服务规模和效率提出了更高的要求。尤其是生鲜农产品的区域规模化产出和反季节销售的增加,使加快发展农产品跨地区保鲜运输迫在眉睫。

其次,发展农产品冷链物流是满足居民消费的必要保证。随着城乡居民消费水平和消费能力的不断提高,居民对农产品需求的多样化、新鲜度和营养性等方面提出了更高要求,特别是对食品安全的关注程度不断提高。加快发展农产品冷链物流已经成为保护农产品品质,减少营养流失,保证食品安全的必要手段,是建设节约型社会和保证粮食安全的必然要求。

再次,冷链物流是促进农民增收的重要途径。长期以来,我国农产品产后损失严重,果蔬、肉类、水产品流通腐损率分别为20%~30%、12%、15%,仅果蔬一类每年损失就达到1000亿元以上;同时,受到生鲜农产品集中上市后保鲜储运能力制约,农产品"卖难"和价格季节性波动的矛盾突出,农民增产不增收的情况时有发生。发展农产品冷链物流,既可以减少农产品产后损失,又可以带动农产品跨季节均衡销售,促进农民稳定增收。

最后,发展农产品冷链物流是促进我国农产品参与国际竞争和提高国际竞争力的重要措施。截至2023年底，我国油料、肉类、禽蛋、牛奶、蔬菜、水果的产量都是世界第一。加快发展农产品冷链物流，有助于提高出口农产品质量，突破贸易壁垒，增强国际竞争力。

4. 我国农产品冷链物流建设

我国初步形成布局合理、衔接顺畅的冷链基础设施网络，基本建立"全程温控、标准健全、绿色安全、应用广泛"的冷链物流服务体系，培育了一批具有核心竞争力、综合服务能力强的冷链物流企业。冷链物流信息化、标准化水平大幅提升，生鲜农产品和易腐食品冷链流通率、冷藏运输率显著提高，腐损率明显降低，食品质量安全得到有效保障。农产品冷链物流建设可参考国家发展规划并结合自身特点，因地制宜地推进。

（1）改进冷链装备，完善农产品冷链物流基础设施网络。加强统筹规划，逐步构建覆盖主要产地并与全国消费地相联通的冷链物流基础设施网络，加大农产品冷链物流基础设施的资金投入，出台相关优惠政策。加大企业对农产品冷链基础设施的投资热情，鼓励企业建设完善停靠装卸冷链设施。增加生鲜农产品批发市场和生鲜农产品产地冷藏设施的储藏能力，加快生鲜农产品低温处理和冷链配送中心主要产地规划布局。加大冷链装备技术的引进甚至研发，改善生鲜农产品在加工处理环节的温控设施、预冷设施以及冷链运输车辆的节能环保和GPS全程温度监控设备等。

（2）加快农产品冷链物流的标准体系化建设。聚焦农产品流通"最后一公里"，加强农产品产地冷链物流体系建设，鼓励企业利用产地现有常温仓储设施改造或就近新建产后预冷、贮藏保鲜、分级包装等冷链物流基础设施，开展分拣、包装等流通加工业务。政府鼓励冷链企业遵守企业农产品冷链物流操作规范和技术标准，加快冷链体系标准化、制度化、智能化的步伐。

（3）加大行业监管力度，完善市场机制，发挥市场作用。将源头至终端的冷链物流全链条纳入监管范围。充分发挥行业协会、第三方征信机构和信息平台的作用，完善冷链物流企业服务评价和信用评价体系。建立冷链物流企业信用记录，加强信息共享和记录应用。完善冷链物流的法律法规体系，对行为不规范的企业处罚提供法律依据，来整治农产品冷链物流市场的乱象，相关政府部门和机构应充分行使监管的职责做到全程质量监督与检查和违法必究，维护冷链物流市场的健康发展。完善农产品冷链物流市场机制，充分发挥市场的主导作用，给企业提供一个公平、公正的市场竞争环境。农产品冷链物流的发展不仅需要政府政策的扶持性发展，还需要市场的导向发展。

(4) 加快专业化、规模化的第三方冷链物流的发展。未来农产品冷链物流的发展，需要依靠一些拥有核心竞争力、雄厚经济实力、先进经营理念和管理方式的大型专业的冷链物流服务商。但是第三方冷链物流的现状却是：冷链物流企业多为中小企业，规模小、实力较弱，因此农产品冷链发展需先聚焦中小企业的发展，而且要走专业化、个性化的服务道路。因为以后随着有竞争优势、规模优势的大型冷链物流企业的发展，中小冷链物流企业必将会面临生存的挑战，所以中小冷链物流企业要以提供个性化服务为企业的核心竞争力。未来我国第三方农产品冷链物流必须是大中小冷链物流企业所共同提供的规模化与专业化的全面服务，既满足生鲜企业对产品流通规模化需求，也要满足其个性化需求，所以，广大农村地区迫切要求加快专业化、规模化的第三方冷链物流的发展进程。

(5) 重视冷链宅配的发展。随着互联网的发展和年轻消费者对网络购物的依赖，国内各大电商进军冷链宅配，这种新的冷链物流模式将会影响越来越多的消费者在网上进行水果、蔬菜等生鲜食品的选购，这种商业模式将会改变现有的农产品冷链流通模式，以往生鲜农产品由农民采摘再到批发商、零售商的市场格局将会通过电商平台直接将产地与消费者联系在一起。如果冷链宅配成功发展下去，将会扩大生鲜农产品市场和农产品冷链物流市场，也将会促进农产品冷链物流的发展。

(6) 整合现有农产品资源。农产品冷链物流企业对农产品冷链各环节资源的重新整合，加大对整个农产品冷链的控制。对中小农产品冷链物流企业进行兼并重组或者对其参股控股等方式，建立起区域性乃至全国性的大型冷链物流中心，淘汰一批没有发展前景的中小冷链企业，加强对生鲜农产品冷链市场的整顿，促进生鲜农产品冷链市场的健康发展。加快冷链技术升级改造和配套设施的建设，加强农产品冷链企业间的分工与合作，采用先进的经营理念、管理手段和运作模式，提高生鲜农产品冷链物流整体质量与运转效率。

参考文献

[1]杜才富,李大雄,程尚明.助推乡村振兴战略[M].贵阳:贵州人民出版社,2018.

[2]陈锡文,韩俊.乡村振兴战略与路径研究[M].北京:中国发展出版社,2021.

[3]陈锡文,韩俊.农村全面小康与实施乡村振兴战略研究[M].北京:中国发展出版社,2021.

[4]巢洋,范凯业,王悦.乡村振兴战略重构新农业重构适合中国国情的农业"产融五阶"体系[M].北京:中国经济出版社,2019.

[5]张德林,张海瑜,张鹏,王玉斌.中国乡村振兴产业发展促进战略实施模式及实践案例[M].北京:中国农业大学出版社,2021.

[6]陈潇玮.乡村振兴战略下农村产业与空间的转型与发展[M].长春:北方妇女儿童出版社,2020.

[7]刘雯.农业经济基础[M].北京:中国农业大学出版社,2020.

[8]李劲.农业经济发展与改革研究[M].北京:中华工商联合出版社,2020.

[9]杨应杰.农业经济问题相关研究[M].北京:中国农业大学出版社,2020.

[10]施孝忠.农业经济管理与可持续发展研究[M].北京:科学技术文献出版社,2019.

[11]刘佶鹏.农业经济合作组织发展模式研究[M].北京:中国农业出版社,2020.

[12]吴建平.草地畜牧业生产体系导论[M].北京:科学出版社,2020.

[13]徐海军.生态畜牧业[M].北京:中国建材工业出版社,2020.

[14]魏德刚.农业经济与管理[M].长春:东北师范大学出版社,2022.

[15]张荣敏.新时代农业农村工作改革与农林水利畜牧业发展创新[M].北京:光明日报出版社,2020.

[16]王晓莉.我国农业水资源管理与农民集体行动[M].北京:新华出版社,2022.

[17]李白玉.现代农业生态化发展模式研究[M].咸阳:西北农林科技大学出版社,2022.

[18]沈秋彤.中国农村集体经济高质量发展研究[M].北京:经济科学出版社,2022.

[19]肖红波.中国新型农村集体经济发展与产权制度改革研究[M].北京:中国农业出版社,2022.

[20]李石新.中国经济发展的农村减贫效应评价及扶贫战略转型研究[M].兰州:兰州大学出版社,2021.

[21]韩杰.农村金融创新与乡村振兴融合发展研究[M].西安:西北工业大学出版社,2021.

[22]李庆.多元视域下的农村脱贫与发展工作探究[M].北京:中国纺织出版社,2021.

[23]钟甫宁.中国农业农村发展理论与实践[M].北京:科学出版社,2021.

[24]张永花.乡治之道现代中国乡村振兴与农村发展研究[M].沈阳:辽宁大学出版社,2021.

[25]吕文林.中国农村生态文明建设研究[M].武汉:华中科技大学出版社,2021.

[26]应小丽.农村个体私营经济发展与乡村治理研究[M].北京:中国社会科学出版社,2021.

[27]金军.乡村振兴战略背景下的农村社会发展研究[M].北京:中国华侨出版社,2021.

[28]赵立欣,姚宗路.碳中和背景下中国农村能源发展战略[M].北京:中国农业科学技术出版社,2021.

[29]赵淑兰.新内源发展视角下农村反贫困路径研究[M].北京:中国社会出版社,2021.

[30]罗其友,姜文来,李文娟.中国农业农村高质量发展区域战略研究[M].北京:中国农业科学技术出版社,2021.